Wissenschaftler in Hamburg
Band 1

Herausgegeben von
Ekkehard Nümann

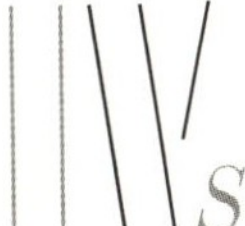

Karen Michels

Erwin Panofskys Hamburger Jahre

Karen Michels

Sokrates in Pöseldorf

Erwin Panofskys Hamburger Jahre

WALLSTEIN VERLAG

Gefördert von der Böttcher-Stiftung

Inhalt

Vorwort des Herausgebers

Im Jahr 2007 beschloss die Hamburgische Wissenschaftliche Stiftung eine Rückschau besonderer Art: Mit der Buchreihe »Mäzene für Wissenschaft« erkundet sie seitdem die Geschichte der Stiftung; außerdem werden ihre Stifterpersönlichkeiten und Kuratoriumsmitglieder in Einzelbänden gewürdigt.

Zehn Jahre und zwanzig Bände später ist nunmehr der Zeitpunkt gekommen, eine weitere Reihe ins Leben zu rufen: »Wissenschaftler in Hamburg«. Ging es bei den »Mäzenen« um diejenigen Bürgerinnen und Bürger, die vor mehr als 100 Jahren den Mut hatten, eine Stiftung zur Förderung der Wissenschaften in der Hansestadt zu gründen, so stehen bei den »Wissenschaftlern« diejenigen Personen im Fokus, die mit den Mitteln der Hamburgischen Wissenschaftlichen Stiftung gefördert worden sind.

Auftakt der neuen Reihe ist der Band von Karen Michels über Erwin Panofsky, einen der bedeutendsten Kunstwissenschaftler des 20. Jahrhunderts, unter dessen Leitung das frisch gegründete Kunsthistorische Seminar der Hamburgischen Universität zu internationaler Geltung gelangte.

Seit vielen Jahren arbeitet die Hamburgische Wissenschaftliche Stiftung mit anderen Stiftungen wie der Körber-Stiftung, der ZEIT-Stiftung Ebelin und Gerd Bucerius, der Hermann Reemtsma Stiftung, der Edmund Siemers-Stiftung, der Erdwin Amsinck-Stiftung, dem Beit Trust, der Ferdinand Beit-Stiftung und der Hapag Lloyd-Stiftung zusammen. Die Kooperation mit der Böttcher-Stiftung bezog sich anfänglich auf die Reihe »Mäzene für Wissenschaft«. Sie hat sich inzwischen zu einer dauerhaften Zusammenarbeit entwickelt und setzt uns nunmehr in die Lage, die Reihe »Wissenschaftler in Hamburg« zu etablieren, wofür wir der Böttcher-Stiftung zu großem Dank verpflichtet sind.

Dr. Ekkehard Nümann

Vorwort

In Hamburg wird jeder, der an Kunst, ihrer Geschichte und deren Erforschung interessiert ist; jeder auch, der auf dem Weg zum neuen alten Eingang der Kunsthalle gleich rechts die Bronzetafel bemerkt hat, auf der verkündet wird, dass hier in den Räumen der Kunsthalle ursprünglich das Kunsthistorische Seminar der Universität unter Leitung von Professor Erwin Panofsky untergebracht war, der dann nach Amerika emigrieren musste; jeder aber auch, der sich um die Entwicklung einer modernen Kunstwissenschaft bemüht, sich gefragt haben, wer denn die Persönlichkeit mit dem immer wieder aufgerufenen Namen eigentlich gewesen sei. Diesem Interesse kommt nun das vorliegende Buch von Karen Michels entgegen.

Karen Michels, die in Hamburg promoviert wurde, hat sodann in ihrer Habilitationsschrift, die auch als Buch erschienen ist, Panofskys Zeit in Amerika in allen ihren komplexen Bezügen behandelt und geschildert, wie von dort die in Hamburg entwickelte Methode weltweit aufgenommen wurde. Doch nicht nur die bahnbrechende Methode der Ikonologie, welche die geistesgeschichtlichen Inhalte von Werken der bildenden Kunst erschließt, sondern auch bedeutende Gesamtdarstellungen, etwa über die Altniederländische Malerei oder die Monographie über Albrecht Dürer, die 1943 zugleich als Dokument einer Rückbesinnung auf die humanistischen Traditionen deutscher Kultur zu verstehen war, sind bis heute gültige Leistungen.

Die Hamburger Vorgeschichte von Panofskys Leben und Leistungen, die eng mit den Möglichkeiten, welche die Warburg-Bibliothek boten, verknüpft waren, liegt also jetzt vor.

Karen Michels hat es zugleich unternommen, die universale Bedeutung Panofskys von ihren Ursprüngen her, vor allem seiner Hamburger Zeit in den Jahren von 1919 bis 1933, anhand seiner Lehre, seiner Publikationen und persönlichen Beziehungen zu Gelehrten und Schülern darzustellen. Es sollte allerdings nicht verschwiegen werden, dass die textbestimmte, rationale Grundlage der ikonologischen Forschung in Deutschland sogleich, in den USA während der letzten Jahre auf Skepsis gestoßen ist.

Panofsky hat später seine Hamburger Jahre von 1918 bis 1933 öfters als die glücklichsten in seinem Leben bezeichnet, obwohl und weshalb er vermieden hat, Hamburger Boden je wieder zu betreten. Seine Frau Dora, befreundet mit Eduard Bargheer, war aktiv bei der Förderung junger Künstler tätig.

In Hamburg waren nach dem Ersten Weltkrieg die politischen Verhältnisse nicht immer einer geruhsamen wissenschaftlichen Tätigkeit förderlich. Die demokratische Verfassung in Hamburg von 1921 hätte eine liberale Entwicklung einleiten können, so wie das Verbot der NSDAP 1922, das aber zwei Jahre später wieder aufgehoben wurde. Der kommunistische Aufstand in Hamburg 1923 konnte Befürchtungen über rechte Reaktionen wecken, die gerade Juden betroffen haben würden. Die Deutschnationale Volkspartei war antisemitisch eingestellt und errang 1924 in Hamburg 16,9 Prozent der Stimmen. 1925 musste das Heine-Denkmal im zentral gelegenen Barkhof abgebaut und zwei Jahre später in den Altonaer Donners Park überführt werden. Zwar war die neue Hamburgische Universität, ebenso wie die Frankfurter, für jüdische Wissenschaftler durchaus zugänglich. So wurde Panofsky sechs Jahre nach seiner Habilitation schließlich Ordinarius, nachdem er schon geneigt gewesen war, »die ganze für einen Juden an und für sich fast aussichtslose Universitätsgeschichte aufzugeben«. Immerhin aber wurde der ihm gut bekannte Friedrich Gundolf 1930 der erste Lessingpreisträger. Panofsky war nach seinem Lehrer Adolph Goldschmidt und Paul Frankl der dritte Jude auf einem kunstgeschichtlichen Lehrstuhl. Auch wurde Panofsky 1930 doch zum Dekan ernannt, nachdem der von ihm hochgeschätzte, später ebenfalls emigrierte Philosoph Ernst Cassirer 1929 zum Rektor der Universität gewählt worden war und in seiner Rektoratsrede auf die Entwicklung demokratischer Ideen durch die deutsche Aufklärung im 18. Jahrhundert mahnend hingewiesen hatte. Doch nach einer ausgleichenden Regierungszeit des Bürgermeisters Carl Petersen wurde 1933 die NSDAP die größte Fraktion.

Dank des Ruhmes, den er sich über Hamburg hinaus in seinem Fach erworben hatte, konnte Panofsky sich mit seiner Familie in die Emigration retten. Die Folgen für das Fach in Deutschland und Hamburg hat 1958 eine amerikanische Kunstzeitschrift prägnant formuliert: »Princeton university has become the undisputed world's center in the study of early Christian art: replacing Hamburg.«

Prof. Dr. Dr. h.c. Martin Warnke

Einleitung

Über ihn ist eigentlich alles gesagt. Seine Wirkung auf die amerikanische Kunstgeschichte ist beschrieben, der Torso seiner nie fertiggestellten Habilitationsschrift veröffentlicht, über 3800 Briefe in fünf monumentalen Bänden sind herausgegeben. Seine Schriften wurden wieder und wieder – auch kontrovers – diskutiert. Panofskys Ruf ist befestigt, sein Leben und Wirken bekannt.[1] Warum also dieses Buch, was ist sein Anliegen, und wie lautet seine Quintessenz?

Zunächst zum Titel: »Sokrates in Hamburg« lautet die Überschrift eines pseudoplatonischen Dialogs, den Panofsky 1931 (unter dem Pseudonym A.F. Synkop) für die Zeitschrift »Der Querschnitt« veröffentlicht hat. Der fiktive Dialog zwischen Phaidros und Sokrates dokumentiert auf das Vergnüglichste, wie sehr der in Berlin Aufgewachsene inzwischen in Hamburg angekommen ist – in Hamburg und vor allem im alsternahen Pöseldorf. Hier, auf einem Gebiet – wie es Ascan Klee-Gobert einmal beschrieben hat – »zwischen der Alten Rabenstraße – Mittelweg – Alsterchaussee – Harvestehuder Weg« hatte Panofsky sein Zuhause gefunden, hier lagen, in der Alsterchaussee 11 und in der Alten Rabenstraße 34 III, seine beiden Hamburger Wohnsitze.[2] Der Text ist im Anhang abgedruckt. Das Buch selbst konzentriert sich auf jene dreizehn Jahre in Panofskys Leben, die dieser zu seinen glücklichsten und fruchtbarsten zählte: die Hamburger Jahre. An einer jungen, neu gegründeten und eher liberalen Universität und in einer glücklichen Symbiose mit Kollegen, Studenten und der Kulturwissenschaftlichen Bibliothek Warburg (K.B.W.) hat der bis dahin in Berlin Ansässige in Hamburg in einem Maße Freiheit, Anregung und Unterstützung erfahren, wie dies wohl nur zu dieser Zeit und nur an diesem Ort möglich gewesen ist. Die Hamburger Konstellation hat Panofsky zu jenen außergewöhnlichen Leistungen befähigt und herausgefordert, die seinen späteren Weltruhm begründet haben – und sie hat ihm, das hat er oft genug dankbar vermerkt, mit den Publikationsorganen der Warburg-Bibliothek eine einzigartige, großzügig dimensionierte, effiziente publizistische Plattform dafür zur Verfügung gestellt.

Panofskys Name steht für die Entdeckung verborgener Zusammenhänge hinter der Oberfläche des Sichtbaren und für eine präzise definierte Methode, die den Weg in diese faszinierenden Welten der Geistesgeschichte weist. Formuliert und erprobt hat er diese neue Methode in enger Arbeitsgemeinschaft mit Kollegen und, vor allem, Studenten. Für ihn wie für sie war Kunstgeschichte nicht eine Möglichkeit zum Broterwerb, sondern, wie es Hugo Buchthal einmal formuliert hat, »eine Religion« – was bedeutete, dass man gemeinsam und leidenschaftlich an einem Projekt arbeitete, das dem Leben Sinn verlieh. Dennoch hat – dieser Aspekt gehört zu seinem Persönlichkeitsbild unbedingt dazu – Panofsky sein Leben lang fröhlich Populärkultur konsumiert, blieb ein begeisterter Leser von Krimis und ein intensiver Kinogänger: Die später, in den USA, veröffentlichten Aufsätze über den Film und den Rolls-Royce-Kühler dokumentieren seine einzigartige, vielleicht von Aby Warburg inspirierte Fähigkeit, historischen Phänomenen bis in die Gegenwart nachzuspüren. Aufgehoben in einer geistigen Gemeinschaft und dieser allen äußeren Katastrophen zum Trotz für immer verpflichtet, stellten Panofsky und seine Schüler Leben und Arbeiten in den Dienst einer gemeinsamen Sache. In seinem 1940 veröffentlichten Text über »Kunstwissenschaft als geistige Disziplin« hat Panofsky beschrieben, worum es eigentlich ging: um Humanismus nämlich – als »eine Einstellung, die sich definieren lässt als Überzeugung von der Würde des Menschen«, und »humanitas« als die Eigenschaft,

> die den Menschen nicht nur vom Tier, sondern ebenso und sogar noch entschiedener von demjenigen abhebt, der zwar zur Spezies *homo* gehört, doch ohne den Namen *homo humanus* zu verdienen: von dem Barbaren oder Banausen, dem *pietas* und *paideia* abgehen, nämlich Ehrfurcht vor sittlichen Werten und jene gefällige Mischung aus Bildung und Urbanität, die wir mit dem in Verruf geratenen Wort ›Kultur‹ umschreiben können.[3]

Das Urerlebnis in Hannover

Erwin Panofsky wurde 1892 in Hannover geboren. Zwei Feen seien, so wusste sein Freund und Kollege Walter Friedlaender später zu berichten, 1892 an seine Wiege geeilt: Reichtum und Intelligenz. Die dritte Fee, gutes Aussehen, schaffte es nicht.[1] Der Vater Arnold stammte aus dem oberschlesischen Tarnowitz, wo die Familie Gruben und Kalköfen besaß. Als Arnold am 5. März 1891 Cäcilie Solling aus Hannover heiratete, war er bereits 44 Jahre alt. Die ebenfalls jüdische Familie Solling war in der Leinestadt fest verwurzelt; Cäcilies Familie gehörte das Bankhaus Carl Solling & Co. Arnold konnte inzwischen als »Rentier« von seinem Vermögen leben. Das junge Ehepaar zog für etwa drei Jahre in das Haus der Sollings, in dem auch Cäcilies Mutter und ihr Bruder Carl – Chef der Bank und Konsul von Mexiko – wohnten. Die Familie war gut situiert und integriert – zum Freundeskreis gehörte der Hannoveraner Stadtdirektor ebenso wie der Inhaber des besten Hotels am Platze, Friedrich Kasten. Fast genau ein Jahr nach der Hochzeit wurde Sohn Erwin geboren, er sollte das einzige Kind bleiben. Man kann sich vorstellen, dass der von allen Seiten umsorgte, in jede Richtung geförderte Nachkomme in einer gutbürgerlichen, kultivierten Atmosphäre aufwuchs. Selbstverständlich lernte er Klavier spielen, selbstverständlich ging man regelmäßig ins Konzert und ins Museum.

Es war offenbar ein solcher Museumsbesuch, bei dem sich die Initialzündung zur späteren Kunsthistorikerlaufbahn ereignete. Panofsky erinnert sich 1966 in einem Brief, wie er als Kind einmal im Kestner-Museum (heute Museum August Kestner) eine Ausstellung gesehen habe, in der Originale der dort präsentierten Sammlung Culemann (Inkunabeln, mittelalterliche Skulpturen, Tafelbilder) neben Kopien und Fälschungen gezeigt wurden. Damals sei er sehr stolz gewesen, Echtes vom Falschen unterscheiden zu können.[2] Die kleine Anekdote zeigt, welche Quelle die Forscherleidenschaft auch des späteren Gelehrten zum Sprudeln bringen sollte: nicht ästhetische Überwältigung, sondern die Lust am Aufdecken, am scharfsinnigen Kombinieren, am genauen Sehen, am kriminalistischen Spurenlesen.

Auf dem »Joachimsthal« in Berlin

1901 starb Panofskys Großmutter. Im August 1902 zog die Familie nach Berlin. Grund für den Wechsel aus dem heimatlichen Hannover in die Hauptstadt war, so darf man vermuten, das anspruchsvollere Kulturangebot und nicht zuletzt der Wunsch, dem nun zehnjährigen Sohn die bestmögliche Schulausbildung zu ermöglichen. In Berlin war zudem schon seit seiner Lehrzeit Arnold Panofskys Bruder Eugen ansässig; er hatte sich vom Kassierer zum Mitinhaber des angesehenen Bankhauses Jacquier und Securius heraufgearbeitet. Gerade 1903 wurde er als Juniorpartner in das Bankhaus aufgenommen, das seinen Sitz »An der Stechbahn« und damit in prominentester Lage unmittelbar neben dem Stadtschloss hatte. Panofskys bezogen eine Wohnung im Villenvorort Wilmersdorf, der für seinen starken jüdischen Bevölkerungsanteil – allein dreißig Prozent der Gymnasialschüler waren jüdischen Glaubens – bekannt war. Von der Landhausstraße 6 erreichte Erwin in einem etwa fünfzehnminütigen Fußweg das traditionsreiche und renommierte, 1607 als »Fürstenschule« begründete Joachimsthalsche Gymnasium in der Kaiserallee (heute Bundesallee) 1-12. Es war altsprachlich orientiert, so dass Panofsky Latein und Griechisch konnte, als er die Schule verließ. Aber auch Mathematik und Philosophie müssen ihm leichtgefallen sein. Ob er viele Freunde hatte? Ob er Fußball spielte? Ob er als Jude auffiel? Ob er als Streber galt? Über die Schulzeit wissen wir nur wenig. Bekannt ist nur, dass er zweimal »Preisaufgaben« gewann, die jeweils mit einem Buchgeschenk ausgezeichnet waren.[1] Und dass er seit seinem fünfzehnten Lebensjahr stark rauchte – was er bis zu seinem Tod am 14. März 1968 beibehielt.[2]

Warum ist die Schulzeit hier dennoch ein Thema? Weil man wissen muss, dass Erwin Panofsky als assimilierter Jude mit Bach und Mozart, nicht mit Klezmer-Musik aufwuchs. Dass er sich weniger in der Kabbala oder den nordischen Heldensagen als in der Ilias und der Odyssee auskannte, dass er sich mit Sokrates und Plato beschäftigte, Goethe und Schiller las und eine sehr fundierte, humanistische Bildung besaß. Sie verdankte sich der Institution des humanistischen Gymnasiums: als ein Produkt des sogenannten »preußischen Neuhumanismus« war das humanistische Gymnasium aus einer vor allem durch Wilhelm von Humboldt Anfang des 19. Jahrhunderts angestoßenen Reform des Bildungswesens entstanden. Es zielte nicht mehr auf die spezielle Ausbildung von Standes- oder Berufsgruppen ab, sondern auf das autonome Individuum und den »Weltbürger«. Man hat sich damals »auf die Antike« als Leitbild und damit auf eine als Ideal geltende Kultur geeinigt, die zum freien, kritisch denkenden und selbstständig urteilenden Menschen erziehen sollte.

Später ist zu Recht kritisiert worden, dass das humanistische Gymnasium die Naturwissenschaften vernachlässigte. Wichtig für jemanden wie Erwin Panofsky war jedoch zunächst, dass der Neuhumanismus allen Bevölkerungsgruppen – gerade und besonders auch den Juden – eine Chance auf gesellschaftliche Teilhabe bot. Wer sich über den Weg der persönlichen Bildung zum »Humanisten« entwickelt hatte, durfte sich als gestaltendes Element einer interreligiösen Gemeinschaft betrachten, die mit Latein und Griechisch eine gemeinsame Sprachbasis hatte. Die Perspektive der humanistischen Erziehung war weniger auf tagesaktuelle Fragen als auf die zu allen Zeiten gleichbleibenden großen Menschheitsfragen gerichtet. Noch in den USA würdigte Panofsky (in einem Brief an den Schulfreund Gerhard Müller) 1948 die Solidität seiner Schulausbildung:

> [...] wenn ich in meinem Fache eine gewisse Reputation erlangt habe, so verdanke ich das vor allem unserem alten Joachimsthal insofern, als dieses mir wesentlich mehr Griechisch und, vor allem, Latein beigebracht hat als den meisten anderen Kunsthistorikern. Davon habe ich sozusagen immer gezehrt und durch Studium der alten Schriftquellen viele Fragen behandeln können, die dem weniger philologisch Geneigten unzugänglich sind; mein letztes Buch ist z.B. die Edition, Übersetzung und Kommentar der Schriften des Abtes Suger (der mir übrigens schon von Schlesinger in Unterprima als Begründer der französischen Monarchie und des gotischen Stils vorgestellt wurde) – Schriften, die die normalen Latinisten nicht gut behandeln können, weil sie nicht wissen können, wovon der gute Mann redet, und die normalen Kunsthistoriker auch nicht, weil sie eben nicht auf dem Joachimsthal waren. ›Such is life‹.[3]

Jurist oder Dürerist? Studium Freiburg, München und Berlin

»Ich sollte eigentlich Jurist werden, wie das in meiner Familie sozusagen usus war.«[1] Ab Sommer 1910 studierte Erwin Panofsky in der traditionsreichen Universitätsstadt Freiburg Jura. Aber das Fach scheint ihn nicht begeistert zu haben. Denn als ihn der Kommilitone Kurt Badt eines Tages in eine Vorlesung des Ordinarius für Kunstgeschichte, Wilhelm Vöge, mitnahm, sprang ein Funke über, der ein nie wieder zu löschendes Feuer entzündete. Vöge sprach damals über Dürer – genauer gesagt, über eine Zeichnung Dürers für die Hände Kaiser Maximilians. »Diese Minute entschied über mein Leben«, so bekannte Panofsky später dem akademischen Lehrer, »und ich wurde, so gut ich es konnte, ein Kunsthistoriker und Dürerist.«[2] Panofsky und Badt kannten sich vermutlich aus Berlin. Badt entstammte ebenfalls einer jüdischen Familie, war aber römisch-katholisch getauft. Sein Vater Leopold war ein kunstsinniger Bankier, er sammelte progressive Künstler wie Cézanne, Delacroix und Lehmbruck.

Wir wissen heute, dass Erwin Panofsky kein Einzelfall war – überproportional viele Juden entschieden sich Anfang des 20. Jahrhunderts für ein Kunstgeschichtsstudium. Die Überwindung der traditionellen Bilderfeindlichkeit des Judentums bedeutete einen weiteren Schritt im Prozess der Emanzipation. Auch Panofskys ein Leben lang anhaltende Begeisterung ausgerechnet für Dürer – das Universalgenie der Deutschen – dokumentiert, wie selbstverständlich er sich mit der deutschen Kultur und der deutschen Nation identifizierte. Eine neue Normalität sollte den langen Weg der Akkulturation beenden. Ein weiterer Schritt auf diesem Weg war, wie wir das auch von Aby und Max Warburg kennen, die Meldung zum Wehrdienst als »Einjährig-Freiwilliger«. Panofskys 1911 begonnene militärische Laufbahn endete jedoch abrupt und nach kurzer Zeit durch einen Reitunfall, bei dem er sich eine Hernie, einen »Bruch«, zuzog.

Das Studium fand, unterbrochen von Faschingsbällen und kürzeren Reisen, seine Fortsetzung in München und Berlin – wo sich dem ehrgeizigen Aspiranten 1913 eine erste »Dürer-Bewährungsprobe« stellte: eine Preisaufgabe der an der Friedrich-Wilhelms-Universität

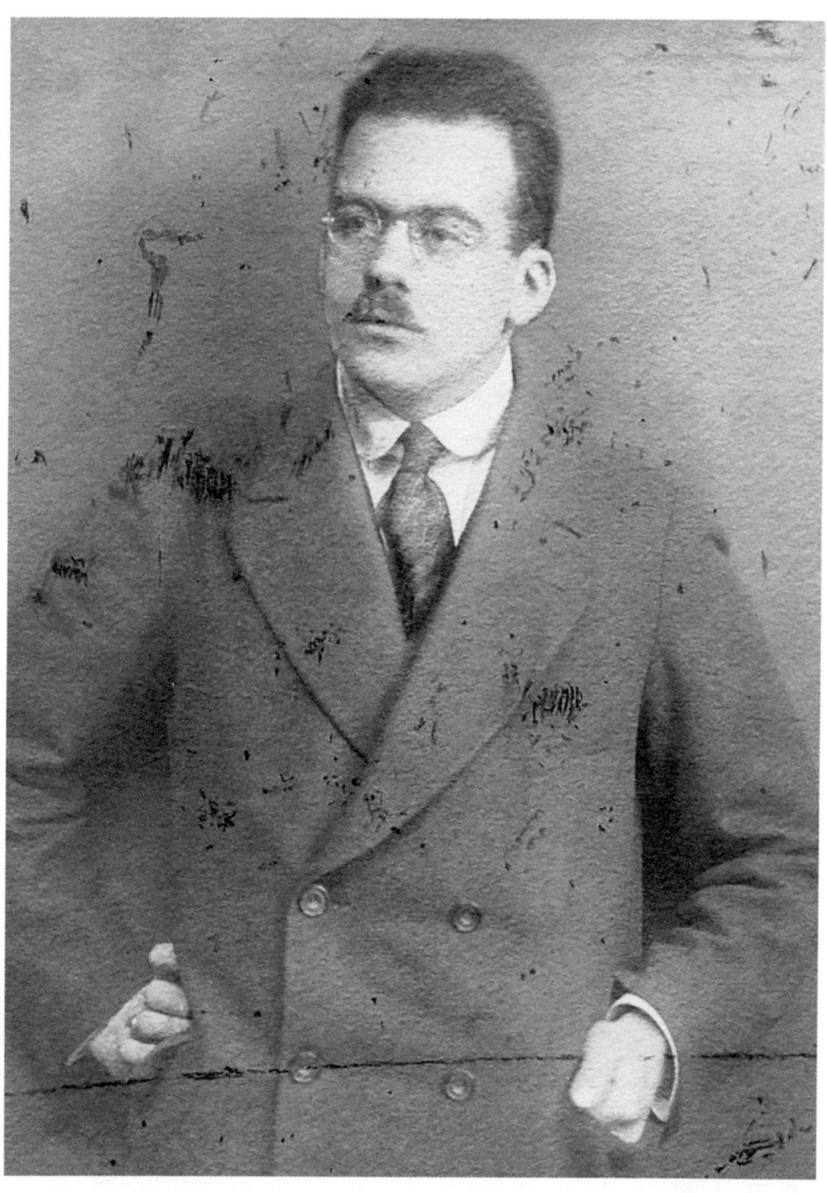

Erwin Panofsky (1912)

angesiedelten Grimm-Stiftung nämlich, die nach dem Verhältnis von Dürers Kunsttheorie zu derjenigen der Italiener fragte. Offenbar hat er die für einen Studienanfänger anspruchsvolle Aufgabe brillant bewältigt; im Gutachten heißt es beeindruckt: »[…] er beherrscht auch die schwierigen mathematisch-perspektivischen Teile des Themas«.[3] Einer der beiden Gutachter war der Berliner Ordinarius für Kunstgeschichte Adolph Goldschmidt. Und mit diesem begann Panofskys hamburgische Geschichte.

Goldschmidt nämlich war Hamburger. Und er war Sohn eines Bankiers. Genau wie Aby Warburg hätte er als Ältester das Bankhaus erben sollen, und genau wie dieser entschied er sich gegen die Familientradition, für die Kunstgeschichte. Die 1820 gegründete Firma J. Goldschmidt u. Sohn übernahmen seine jüngeren Brüder, von denen einer, Eduard, in der Heilwigstraße 40 und damit ganz in der Nähe von Warburg wohnte. Goldschmidt selbst war am Mittelweg 153b aufgewachsen und auf das Johanneum gegangen. Seit 1887 standen auch Aby und »Adölphle«, wie Goldschmidt im Familienkreis genannt wurde, miteinander in Verbindung.[4] Dieser, um drei Jahre älter als Warburg, strebte eine regelrechte Universitätslaufbahn an, die Juden in der Regel verschlossen blieb. Seine Berufung auf das Ordinariat in Bonn scheiterte denn auch im Jahr 1900 an antisemitischen Vorbehalten. 1904 aber erhielt Goldschmidt den Ruf auf eine Professur an die Universität Halle. Ein Angehöriger des mosaischen Glaubens musste dafür einen kaiserlichen Dispens, eine Ausnahmegenehmigung, beibringen. Das Antragschreiben hob nicht nur ausführlich Goldschmidts fachliche Qualifikation hervor, sondern auch den Umstand, dass er »ein Mann von sehr maßvoller Gesinnung« sei, »der sich trotz seiner jüdischen Abstammung dem deutschen Wesen völlig angepasst« habe.[5] Goldschmidt erhielt den Ruf und lehrte acht Jahre in Halle. Als man ihm 1911 aber die Übernahme des prestigeträchtigen Ordinariats in Berlin und damit die Nachfolge Heinrich Wölfflins in Aussicht stellte, war damit die Aufforderung verknüpft, sich taufen zu lassen. Goldschmidts lapidar formuliertes Antworttelegramm ist berühmt geworden: »Bleibe Jude, bleibe Halle.« Hoch gepokert und gewonnen: Goldschmidt erhielt dennoch den Ruf und machte das Berliner Kunstgeschichtliche Institut zu einem Zentrum der Mittelalterforschung – und zu einer Scharnierstelle der Wissenschaftspolitik.

Es ist im Rückblick deutlich zu erkennen, dass sich Panofskys Karrierestart wesentlich einer sehr spezifischen Konstellation verdankte: Goldschmidt war seit Studientagen nicht nur mit Aby Warburg, sondern auch mit Panofskys erstem Lehrer Vöge befreundet. Dennoch blieb beiden immer bewusst, dass sich hier ein Jude und ein Nichtjude begegneten. Vöges Briefe enthielten immer mal wieder – zunächst vielleicht harmlose, später gezieltere – antijüdische Sticheleien.[6] In den dreißiger Jahren verwandelte er sich, zu Goldschmidts großer Enttäuschung, in einen Anhänger des Nationalsozialismus und Antisemiten; die Freundschaft endete mit beiderseitigem Rückzug. Warburg und Goldschmidt dagegen, die sich zwar ein Leben lang siezten, aber doch (das »Hamburger Du«) mit dem Vornamen anredeten, verband eine lebenslange, von Respekt getragene Freundschaft.

1914 reichte Panofsky bei eben diesem Wilhelm Vöge in Freiburg (als Teildruck) eine Dissertation ein, die auf der Berliner Preisaufgabe basierte. Ihr Titel lautete: »Die theoretische Kunstlehre Albrecht Dürers (Dürers Ästhetik)«. Sie erschien im folgenden Jahr, ergänzt um einen zweiten Teil, der sich mit der »praktischen Kunstlehre« befasst, als Buch. In einem deduktiven Argumentationsverfahren, dessen mathematisch-logische Präzision noch heute beeindruckt, wies Panofsky in dieser Schrift nach, dass Dürers umfangreiches theoretisches Werk auf italienischen Anregungen und Vorbildern beruhte. Zahlreiche selbst verfertigte Konstruktionszeichnungen dokumentierten eine Vertrautheit mit geometrischen Verfahren, die unter Kunsthistorikern selten anzutreffen war – und ist. Die Arbeit wurde, wie zu erwarten, mit »summa cum laude« bewertet.

Ende Juli 1914 war der erst zweiundzwanzigjährige Dr. phil. zurück in Berlin. Anfang August brach der Krieg aus, und Panofsky war, wie er dem Freund Franz Schoenberner bekannte, »hin- und hergerissen zwischen Skepsis, Anteilnahme, Hoffnung und großer Furcht vor dem kulturellen Ergebnis«.[7] Dennoch meldete er sich sofort als Kriegsfreiwilliger. Gerade für Juden erschien dies damals opportun: In einem Moment, in dem der Kaiser davon sprach, keine Parteien, sondern nur noch Deutsche zu kennen, blitzte die aktive Beteiligung am Kriegsgeschehen als historische Chance auf. Die so lange erhoffte soziale Gleichstellung rückte in greifbare Nähe. Sogar der »Centralverein deutscher Staatsbürger jüdischen Glaubens« rief dazu auf, sich freiwillig zu melden. Panofsky hatte Glück im Unglück: Nach nur sechs Tagen musterte man ihn als »dauernd kriegsuntauglich« aus, da sein altes Bruchleiden wieder aufgetreten war.

Am 22. August starb, siebenundsechzigjährig, Panofskys Vater. Was nun? Der junge Kunsthistoriker entschied sich für eine Art »Postdoc«-Studium an der Berliner Universität, vor allem bei Goldschmidt, dessen Name für eine auf die sachliche Sicherung des künstlerischen Befundes ausgerichtete, stilkritische Methode stand. Daneben musste er sich um die Mutter kümmern, begleitete sie auf Reisen, etwa in die Holsteinische Schweiz, nach Mecklenburg oder Kassel, wo man recht mondän im Schlosshotel Wilhelmshöhe Aufenthalt nahm. Zurück in Berlin, stürzte sich Panofsky in eine erste, mit spürbarer Lust ausgetragene Kontroverse um ein Perspektivproblem. Kontrahent war Guido Joseph Kern, damals Kustos an der Berliner Gemäldegalerie. Die Fehde trug sich in einem renommierten Fachorgan, dem Jahrbuch der Königlich-Preußischen Kunstsammlungen, zu. Selbstsicher und elegant formuliert, nötigt Panofskys kompakte Abhandlung über das perspektivische Verfahren des Renaissance-Architekten Leon Battista Alberti Kern zum Einlenken. Er hatte ein erstes wissenschaftliches Duell gewonnen.

Zweimal Schicksal in einem Jahr
Dora Mosse und Aby Warburg

Neben der sicheren Gewissheit, im Kreis der Zunftgenossen wahrgenommen worden zu sein, brachte das Jahr 1915 zwei Begegnungen, die man nur als schicksalhaft bezeichnen kann: Anfang des Jahres verliebte sich Panofsky in eine Kommilitonin, mit der er gemeinsam ein Goldschmidt-Seminar besuchte. Und im November 1915 lernte er die Institution kennen, die seinen beruflichen Werdegang entscheidend befördern und langfristig prägen sollte: die K.B.W.

Aber zunächst das Privatleben: Dorothea, genannt Dora Mosse wurde Panofskys »Lebensmensch«. Sie entstammte einer prominenten Berliner Familie: Beim Klang des Namens Mosse dachte damals jeder an den berühmten Zeitungsverleger Rudolf Mosse. Er war Doras Onkel. Rudolf Mosse hatte in Berlin ein Presse-Imperium aufgebaut. Aushängeschild war das liberale »Berliner Tageblatt«. Es galt neben der »Vossischen Zeitung« als einflussreichste Tageszeitung der Hauptstadt. Vermögend und großzügig führte Rudolf Mosse zusammen mit seiner Frau Emilie in seiner Stadtresidenz, dem historistisch-feudalen »Mosse-Palais« am Leipziger Platz, zwischen Gesellschaft, Kunst und Wohltätigkeit ein großbürgerliches Haus. Mosses umfangreiche Kunstsammlung enthielt Mittelalterliches, vor allem aber Werke von Zeitgenossen wie Böcklin und Corinth, Leibl und Liebermann. Erst vor kurzem konnte ein dieser Sammlung entstammendes Schlüsselwerk des Jugendstils, Ludwig von Hofmanns »Frühlingssturm«, an die Mosse-Erben restituiert werden.[1] Auch ein anderes Werk aus dem Besitz Rudolf Mosses, Carl Blechens außerordentliches Gemälde »Blick auf das Kloster Santa Scolastica bei Subiaco«, konnte 2016 dank der Kooperationsbereitschaft der Mosse-Erbengemeinschaft für ein öffentliches Museum, die Staatliche Kunsthalle Karlsruhe, gesichert werden.

Doras Vater, Rudolfs drei Jahre jüngerer Bruder Albert, war materiell weniger glänzend gestellt, hatte aber als Jurist eine beachtliche Karriere gemacht. 1886 war er als Regierungsberater nach Tokio gerufen worden, wo er einen wichtigen Beitrag zur Ausarbeitung der japanischen Meiji-Verfassung leistete; seine maßgebliche Rolle bei der Umwandlung Japans in einen modernen Nationalstaat ist später immer wieder gewürdigt worden. 1890 kehrte er mit der Familie – Ehefrau Lina, den Söhnen Walter, Erich und Hans, den Töchtern Martha und Dora – nach Deutschland zurück. Mit seiner Ernennung zum Landgerichtsrat hatte Doras Vater die höchste für einen ungetauften Juden erreichbare Position im preußischen Justizdienst erlangt. Nach seiner Rückkehr wirkte er als Staatsanwalt und Honorarprofessor in Königsberg, reichte jedoch, nachdem man ihn bei einer fälligen Beförderung aus oben genannten Gründen übergangen hatte, seine Pensionierung ein und zog nach Berlin. Hier entfaltete eine rege kommunalpolitische Aktivität, unter anderem als Verkehrsdezernent, juristischer Berater der Stadtverwaltung und als unbesoldeter Stadtrat, gleichzeitig engagierte er sich als Vizepräsident des Verbandes der deutschen Juden und im Kuratorium der Hochschule für die Wissenschaft des Judentums; 1917 ernannte man Albert Mosse zum Berliner Ehrenbürger. Selbstverständlich kannte er Panofskys Onkel Eugen gut, der 1912 ebenfalls zum unbesoldeten Stadtrat berufen worden war und der im Berliner Senat als Vorsitzender der Hochbaudeputation, als Dezernent für Elektrizitätsfragen und als Kommissar beim Pfandbriefamt tätig war; 1919 sollte er für seine Verdienste mit dem Titel »Stadtältester« ausgezeichnet werden. Doras Schwester Martha, Juristin wie ihr Vater, erlangte als erste Frau im Höheren Polizeidienst in Preußen eine gewisse Berühmtheit.[2] Frauenbewegt, kämpferisch, homosexuell und ab Mitte der zwanziger Jahre mit ihrer Partnerin zusammenlebend, entsprach sie so gar nicht dem zeitgenössischen Frauenbild. Ihre Familie, das belegen verschiedentlich Äußerungen in den erhaltenen Briefen, trug es mit Humor.[3] Dem Berufsverbot folgte 1943 die Deportation in das Ghetto Theresienstadt, das sie überlebte; nach dem Krieg begleitete sie die Nürnberger Prozesse als Übersetzerin und Zeugin.

Gleiche Interessen, ähnlicher Familienhintergrund, gleiche Religion – alles schien perfekt zu passen, als sich Erwin Panofsky 1915 in Dora Mosse verliebte. Nur einen gravierenden Unterschied gab es, und der wurde auch von der Umwelt als ungewöhnlich wahrgenommen: Panofskys Freund Hans Kauffmann berichtete den Eltern Anfang Februar 1916, »dass Panofsky sich mit einer Commilitonin verlobt hat. Wir alle haben uns sehr gefreut, da beide glänzend zueinander passen. Sie, Frl. Mosse, ist übrigens schon über 30.«[4] In der Tat war die 1885 geborene Dora sieben Jahre älter als ihr Verlobter. Was heute noch als irgendwie erwähnenswert gelten würde, muss damals eher befremdlich erschienen sein. Dora konnte mit ihren dreißig Jahren bereits als ein »spätes Mädchen« gelten. Was bewog, wenn die Frage erlaubt ist, den jungen, vielversprechenden Geisteswissenschaftler zur Entscheidung für seine viel ältere Kommilitonin? Eine gewisse Vorstellung von der in diesem gleich-ungleichen Paar herrschenden Geistesverwandtschaft vermittelt einer der ersten Briefe Panofskys an »Fräulein Mosse« vom 8. August 1915.[5] Die in seiner sonstigen Korrespondenz vorherrschende ironische Distanziertheit ist hier einer Emotionalität gewichen, die Berührbarkeit und Nähe verrät. Noch heute spürbar ist das Glück Panofskys darüber, einem weiblichen Wesen begegnet zu sein, das ihm in seine intellektuellen Galaxien folgen kann. Ein gemeinsamer Bezugspunkt ist, hier und später immer wieder, die Musik.

> Wie soll ich Ihnen danken? Das Glück, sich einem Menschen gegenüber so fühlen zu können, wie sich im ersten Duett der H-moll-Messe [von Johann Sebastian Bach, KM] die eine Stimme der andern gegenüber fühlen muß, d.h. das Nebeneinander der inneren Bewegung nicht als Getrenntsein zu empfinden, sondern als Daseinsbedingung einer im »unangebrachten Platz« [im Original: ἀτόπος τόπος, KM] empfundenen Harmonie, ist von solcher Art, daß der, dem es zuteil wird, seinen Dank am besten an das Schicksal richtet und er, so gut er kann, das unverdiente zu verdienen versuchen muß.[6]

Schön gesagt! Die Andeutungen jedoch müssen reichen, zu weiteren Erörterungen von Herzensregungen kommt es nicht. Vielmehr ufert der Brief regelrecht aus in eine lange und konzentrierte philosophische Abhandlung über – das Briefeschreiben:

> Der ›Brief‹ (in dem prägnanten Sinn, den wir beide dem Begriffe unterlegen) ist, das hat er mit dem Dialog gemeinsam, die Emanation eines Gefühls, das schöpferisch geworden ist, indem es eine Wirklichkeit (die des Unterredners) zur Idee erhoben hat, und das die Anschauung dieser Idee gleichsam als Siegespreis aus einem Kampf mit dem Wort davonträgt. In dieser (metaphysischen) Leistung des Gefühls nun liegt ein ungeheurer objektiver Egoismus, insofern

das Gefühl seinen Gegenstand nur als Idee, d.h. also in Wahrheit an seinem Gegenstande nur sich bejaht, zugleich aber, und das ist das Wunderbare, ein ebenso ungeheurer subjektiver Altruismus, insofern das Gefühl seine Idee für etwas mit dem wirklichen Gegenstande Identisches hält, also, während es am Gegenstande nur sich bejaht, des allerfesten Glaubens ist, sich nur am Gegenstande zu bejahen.[7]

Auch beruflich war Panofsky zu diesem Zeitpunkt damit beschäftigt, sich nach Dürer ein neues kunsthistorisches Terrain zu erobern. 1915 erschien in der traditionsreichen Fachzeitschrift »Repertorium für Kunstwissenschaft« ein Aufsatz über »Raffael und die Fresken der Dombibliothek zu Siena«.[8] In einer für einen Dreiundzwanzigjährigen bemerkenswert altväterlichen, nach langem Gelehrtendasein klingenden Diktion entwickelte der junge Doktor der Kunstgeschichte eine scharfsinnige, auf lupenreiner Stilkritik basierende Argumentation, die auf präzise »Händescheidung« – also Zuschreibungsklärung – abzielt und damit zeigt, dass er ein ausgesprochen »kennerschaftliches« Auge besitzt. Ein weiterer, kurzer, im gleichen Jahr publizierter Beitrag galt einer Reihe von Renaissance-Zeichnungen im Berliner Kupferstich-Kabinett, die dem Nürnberger Meister »Virgilius Solis« zugeschrieben wurden.[9] Bemerkenswert ist hier zweierlei: Panofsky sucht in den Grafiken Charakteristika, die sich auch an Objekten der »angewandten Kunst«, etwa an Betten, Schränken und den Ornamenten des Drechslers oder Schmiedes wiederfinden lassen. Er ist, wenn auch nur andeutungsweise, dem auf der Spur, was er in seinem kunsthistorischen Interpretationsmodell später den »Dokumentsinn« nennen wird. Und gleichzeitig erweist er sich auch hier als eine die Methoden und die Terminologien einer sich gerade erst aus dem Dilettantismus emanzipierenden Zunft perfekt beherrschende Kapazität – etwa wenn er schreibt:

Darum kann sich in einem Kunstwerk die Linie sehr wohl mit der Farbe *vereinigen*, wenn eines wie das andere zu seinem Rechte kommt: im guten japanischen Farbholzschnitt verträgt sich die stark hervortretende, Form und Bewegung festlegende Konturlinie ausgezeichnet mit der in schönen Flächen angeordneten Farbe, weil

> beide Elemente ästhetisch völlig *selbständig* erscheinen und durch das Band eines gemeinsamen Bildungsgesetzes (denn die koloristische Komposition geht vermittels einer raffinierten Abstufung des Helligkeits- und Sättigungsgrades mit der linearen durchaus zusammen) dennoch unlöslich miteinander verbunden sind; wenn aber in den Zeichnungen des Virgilius Solis die Linie selbst eine Anweisung auf die farbige Realität des Gegenstandes zu geben versucht, so ist gerade das Umgekehrte eingetreten: während dort zwei Elemente sich in die verschiedenen Aufgaben der Darstellung *teilten* und trotzdem – oder vielmehr deswegen – denselben inneren Sinn haben konnten, macht sich hier ein Darstellungselement anheischig, die beiden völlig heterogenen Funktionen der räumlichen und farbigen Wiedergabe zu übernehmen, und der Erfolg ist Unzulänglichkeit und Dissonanz.[10]

Mit dem gravitätischen Habitus einer im Dienst der Disziplin ergrauten Autorität setzte Panofsky hier früh und, so zumindest sieht es aus heutiger Perspektive aus, deutlich ein Zeichen. Er präsentierte sich als Virtuose der Praxis, sicher im Sattel sowohl der Stilkritik als auch der Kennerschaft. Zur Abrundung publizierte er im gleichen Jahr, immer noch 1915, einen weiteren Aufsatz, der sich mit fachtheoretischen Positionen auseinandersetzt. Es ging um den zwanzig Jahre älteren Kollegen Heinrich Wölfflin, der sein Berliner Ordinariat gerade mit dem Münchener Lehrstuhl vertauscht hatte. Wölfflin war der Erste gewesen, der die Kunstbetrachtung einer Systematik unterworfen hatte. Für die Kunstgeschichte sollten, genau wie für eine Naturwissenschaft, objektive Kriterien gelten, die den bis dahin üblichen individuellen Betrachtungs- und Beurteilungsansatz überwinden halfen. Auf Wölfflins 1911 in Berlin gehaltenen, ein Jahr später abgedruckten Vortrag antwortete Panofsky 1915 in der »Zeitschrift für Ästhetik und Allgemeine Kunstwissenschaft«.[11] Mit seinem ehrgeizig vorgetragenen kritischen Urteil machte er der Fachöffentlichkeit deutlich, dass mit ihm als einem neu am Kunsthistorikerhimmel aufgehenden Stern auch in theoretischer Hinsicht zu rechnen sein wird. Eindrucksvoll, wie er dabei auch die Musik als Parallelerscheinung zur bildenden Kunst einbindet. Seine auf der Basis juristischer Methodik und logischer Deduktion entwickelte Argumentation kommt zu dem Schluss, dass die

Kunst immer auch unmittelbarer Ausdruck einer bestimmten »Weltanschauung« ist. Er wird es sich zur Lebensaufgabe machen, dies an den unterschiedlichen Gegenständen immer wieder neu nachzuweisen.

Doch auch in rein karrieretechnischer Hinsicht sollte sich das Jahr 1915 als überaus fruchtbar erweisen: Denn am 9. November traf Panofsky in Berlin Aby Warburg. Kennengelernt hatte man sich vermutlich schon im Januar 1914 bei einem jener geselligen Zusammenkünfte, zu denen Goldschmidt seine Studenten regelmäßig einlud.[12] Auch zu dem im November in seiner Wohnung veranstalteten »Semester-Antrittssouper« hatte dieser den Freund aus Hamburg eingeladen: vor allem, um Warburg gezielt mit jungen Kollegen zusammenzubringen. Denn der nahm zwar öfters an den Sitzungen der Berliner »Kunstgeschichtlichen Gesellschaft« teil, führte jedoch im damals noch universitätslosen Hamburg eine wissenschaftlich relativ isolierte Existenz. Zugleich verbanden sich wissenschaftspolitische Ambitionen mit dieser Einladung – Warburg und Goldschmidt bemühten sich schon länger um die gezielte Vermittlung fähiger Kunsthistoriker in verantwortungsvolle Stellungen: Beide hatten das Ziel, die noch weitgehend dilettantisch betriebene Kunstgeschichte in eine exakte Wissenschaft zu verwandeln. Beide waren deshalb im Vorstand der Internationalen Kunsthistorischen Kongresse aktiv. Panofsky scheint sich an jenem 9. November mit dem aus Hamburg angereisten Gelehrten gleich in Fachgespräche vertieft zu haben, denn noch am Abend schickte er diesem einen Literaturhinweis. Er betraf ein eher spezielles Thema, nämlich die in Lille aufbewahrte Wachsbüste einer schönen jungen Frau, die lange für ein Werk Raffaels gegolten hatte und von der es hieß, sie sei nach dem Abbild einer wunderbarerweise unverwesten antiken Frauenleiche gestaltet worden – kurz: Es ging um das Verhältnis von Antike und Renaissance, Warburgs hauptsächlichem Forschungsgebiet.

Ende Dezember schließlich kam es, wieder unter der Führung Goldschmidts, zum schon länger geplanten Besuch einer dreiköpfigen Abordnung Berliner Studenten in Hamburg. Hauptziel war die Warburg-Bibliothek, die sich damals noch im Privathaus Warburgs in der Heilwigstraße 114 befand.[13] Neben Erwin Panofsky und Rudolf Hoecker nahm auch der aus Kiel stammende Hans Kauffmann (später in Köln, nach dem Zweiten Weltkrieg Ordinarius an der Freien Universität in Berlin) an der Unternehmung teil. Warburg stellte den

Studenten seine Bibliothek als »Institut für Ausdruckskunde« und »Institut für methodische Grenzerweiterung« vor.[14] Kauffmanns angeregtem Bericht an die Eltern zufolge war der Ausflug ein voller Erfolg:

> Um 5 sind Panofsky und ich zu Warburg gegangen, haben unterwegs, als unsere Electrische entgleiste, den jüngsten Geheimrat stolz u. froh getroffen [Goldschmidt hatte man gerade den Titel »Geheimer Regierungsrat« verliehen, KM] u. lernten bei Warburg selbst Dir. Pauli u. 3 jüngere Kunsthistoriker kennen. Warburg hielt uns an der Hand seines unvergleichlich reichen Materials seinen Vortrag, dann haben wir bei ihm schlemmerhaft zu Abend gegessen, ½ 1 waren wir in unserem Reichshof, wo wir gut untergebracht sind. [...] Heute vormittag ging es in die Kunsthalle. Jetzt schläft Panofsky. Um 3 sind wir wieder bei Warburg, essen um 6 h bei Goldschmidt zu Abend und gehen mit ihm in ein Bachkantatenkonzert in der Michaeliskirche. Morgen führt Warburg uns vormittags auf die Bibliothek. [...] Leider ist das Wetter recht hamburgisch.[15]

Bach, gutes Essen, anspruchsvolle Fachgespräche ... Panofsky wird sich in jenen ersten Hamburger Tagen ähnlich wohlgefühlt haben wie sein Freund Hans Kauffmann. Ahnte er bereits, dass hier neben Goldschmidt und Warburg ein weiterer Kollege anwesend war, der für seine Karriere eine entscheidende Bedeutung entwickeln sollte? Dieser Kollege war Gustav Pauli, seit 1914 Direktor der Hamburger Kunsthalle und von seiner vorherigen Tätigkeit als Leiter der Bremer Kunsthalle her für sein kompromissloses Engagement für die Moderne bekannt. Goldschmidt kannte Pauli von gemeinsamen Studientagen in Leipzig her – und Warburg war damals gerade dabei, eine engere Beziehung zu ihm herzustellen, die in eine veritable, von gegenseitiger Wertschätzung auch für das Fachliche getragene Freundschaft münden sollte.

Hochzeit im Krieg und Ausrichtung nach Norden

Im Februar 1916 wurde in Berlin, im Hause der Braut und im kleinsten Kreis, Verlobung gefeiert. Doras Familie wohnte repräsentativ in der Lichtensteiner Straße und damit im Villenviertel des südlichen Tiergartens – in jener Gegend also, die später von den Nationalsozialisten zum »Botschaftsviertel« umgestaltet werden sollte. Die Mosses nahmen Panofsky liebevoll auf. Schon am 9. April desselben Jahres fand in der Berliner Synagoge die Hochzeit statt. Die im Sommer unternommene Hochzeitsreise – eher eine kunsthistorische Exkursion – führte nach Franken und Bamberg.[1] Das junge Paar zog zunächst zu Panofskys Mutter in die Landhausstraße 6. Alles entwickelte sich prächtig. Im August 1916 aber traf ein schwerer Schicksalsschlag die Familie Mosse: Doras siebenundzwanzigjähriger Bruder Hans fiel bei Fleury / Verdun.

Anfang März 1917 wurde Panofsky selbst erneut gemustert, in die Kategorie »kriegsverwendungsfähig Heimat« eingestuft und dem Bezirkskommando I in Kassel zugeteilt. Seine hauptsächliche Aufgabe bestand in der Bearbeitung von Rückstellungsgesuchen. Anfang April bezog er zusammen mit seiner inzwischen schwangeren Ehefrau und seiner Mutter, liebevoll »Molch« genannt, eine am Rand der Kasseler Südstadt – Am Weinberg 2 – gelegene Wohnung mit großem Balkon. Panofsky scheint diese erste Zeit einer eigenen Haushaltsführung (inklusive Dienstmädchen, denn Dora kochte nicht gern) ebenso genossen zu haben wie die Ausflüge in die landschaftlich reizvolle Umgebung Kassels. Während seine Schwiegermutter brieflich intensiven Anteil nahm an der Ausgestaltung der Baby-Ausstattung, betrieb dieser trotz Militärtätigkeit seine Forschungsprojekte, vor allem die Habilitationsschrift zum Thema Michelangelo und Leonardo, weiter. Nebenher entstand ein Aufsatz über »Den Westbau des Domes zu Minden«. Warum Minden? 1916 hatte er, vermutlich mit der Frau Mama, die noch immer nach ihrer Heimat Hannover hin orientiert war, eine Sommerfrische in der Nähe, im Örtchen Schmalenbruch, verbracht, das an der Kleinbahn lag, die vom Steinhuder Meer zur Weser führt. Man hatte originellerweise den Bahnhof gemietet; das an einem Bahnknotenpunkt gelegene Minden war nur gute 50 Kilometer entfernt.[2]

Sein Dienst in Kassel endete am 17. September, denn Panofsky wurde nach Berlin versetzt, zum Reichskommissariat für die Kohleverteilung. Einen Tag vor Dienstantritt wurde am 18. September 1917 in der von Bothschen Klinik in Kassel sein Sohn geboren; die Eltern nannten ihn nach Doras gefallenem Bruder Hans. Und der gerührte Vater schrieb, schon von Berlin aus, einen ersten Brief an den Herzens-Filius, genannt »Herzilius« sowie, besorgt und fürsorglich, an die Kindesmutter. Wie sehr auch sein Denken noch – der frauenbewegten Schwägerin zum Trotz – von Geschlechterstereotypen her bestimmt war, verrät eine Bemerkung in einem weiteren Brief, an den Freund Kurt Badt. Er freue sich,

> [...] irgendwie in den großen Kreis des Seins nehmend und gebend aufgenommen zu sein, und ein Leben, in dessen Entfaltung sich das unsere, so hoffen wir, verändert und vielleicht gereinigt fortsetzen soll, aus dem eigenen erhalten und weiterbilden zu können. [...] Ich freue mich nun doch, daß es ein Junge ist, und ein formendes Wesen statt eines Geformten, ein Suchendes statt eines Wartenden, in sich selbst Ruhendes statt eines Sich-Anlehnenden werden kann – wenn Gott will.[3]

Panofskys Militärdienst endete am 3. Juni 1918. Mitsamt der Familie kehrte er nach Berlin zurück; man wohnte wieder in Wilmersdorf, in der Güntzelstraße 16. Von jetzt an konzentrierte er sich auf den Einstieg in die angestrebte Universitätskarriere. In der Fachöffentlichkeit war er inzwischen angekommen: 1918 veröffentlichte Gustav Pauli in einer angesehenen Fachzeitschrift eine Besprechung der »Dürer-Literatur der letzten drei Jahre«. Panofskys Dissertation widmete er allein sechs Seiten und lobte »mit vollen Backen« den kritischen Scharfsinn, die klare Darstellung sowie die mathematischen Sachkenntnisse des Autors.[4] Der stellte im Dezember 1918 in Heidelberg einen Antrag auf Habilitation, zog diesen jedoch »aus persönlichen Gründen« wieder zurück. Inzwischen erblickte am 24. April 1919, gut sechzehn Monate nach der Geburt von Hans, der zweite Sohn Wolfgang das Licht der Welt. Im nächsten Jahr wurde Tübingen ins Auge gefasst. Dort sollte, so der Plan, Panofskys Habilitationsschrift über Gestaltungsprinzipien im Werk Michelangelos im Winter 1919 persönlich übergeben werden. Doch wieder kam es anders.

1920
Habilitation in Hamburg über Michelangelo und Raffael

Am 14. Januar 1920 erreichte Panofsky eine Anfrage des Kunsthallendirektors Gustav Pauli aus Hamburg: Ob er bereit sei, im nächsten Sommer in Hamburg gegen ein angemessenes Honorar Vorlesungen über Kunstgeschichte zu halten? Leider musste Pauli schon kurz danach sein Angebot wieder insofern einschränken, als kein Geld da war.[1] Doch er hatte einen zweiten Trumpf in der Tasche: Panofsky könne sich in Hamburg habilitieren – er selbst würde, so hieß es weiter, sich sehr freuen, wenn es gelingen sollte, den jungen Kollegen nach Hamburg zu ziehen. Und der Dekan Max Lenz stellte Panofsky sogar brieflich in Aussicht, einen später in Hamburg zu besetzenden Lehrstuhl übernehmen zu können.

Gesagt, getan – als Habilitationsschrift wurde der in sich abgeschlossene Teil einer größeren Arbeit über »Die künstlerischen Darstellungsprinzipien Michelangelos und Raphaels« eingereicht.[2] Die Liste der wissenschaftlichen Veröffentlichungen Panofskys umfasste neben den bisher genannten Arbeiten zur italienischen Renaissance, zur Theorie der Proportion, zu Dürer auch jenen 1920 veröffentlichten Aufsatz über den »Westbau des Domes zu Minden«: ein in Panofskys Portfolio überraschendes Thema, das seine thematische Vielseitigkeit dokumentieren konnte. Die Kommission bestand aus Gustav Pauli, dem Volkskundler Otto Lauffer, dem als Dekan amtierenden Historiker Max Lenz sowie dem Philosophen Ernst Cassirer. Das Gutachten fiel erwartungsgemäß positiv aus – auch hier hob Pauli wieder die bemerkenswerten Mathematik- und Philosophiekenntnisse Panofskys als sehr erwünschte, nicht alltägliche Ergänzung der Fachgelehrsamkeit hervor. Nun musste nur noch das Habilitationskolloquium überstanden werden. Panofsky schlug drei Themen vor: 1. Die Apollo-Darstellungen Albrecht Dürers und ihr Verhältnis zu Barbari; 2. Die Entwicklung der Proportionslehre als Abbild der allgemeinen Stilentwicklung; 3. Einige bemerkenswerte Pentimenti bei Rembrandt. Ausgewählt wurde die Proportionslehre. Im Juli begab sich der Kandidat per Zug von Berlin nach Hamburg und bezog in der Pension Heiling, alsternah gegenüber dem Hotel Atlantic gelegen, Quartier. Extrem nervös scheint er nicht gewesen zu sein – sein Bericht an Dora, das »geliebte Äffelchen«, die gerade zur Kur in Bad Steben weilte, verrät, dass er auch in dieser Situation den Blick für Situationskomik bewahren konnte. Anwesend waren neben Pauli William Stern, Otto Lauffer und Max Lenz.

> Ich durfte sitzend reden und ablesen, soviel ich wollte. Hinterher das Colloquium, von Pauli mit einer sehr schmeichelhaften Kritik oder eigentlich Würdigung des Vortrages eingeleitet, war sehr nett insofern, als Pauli mir die Gelegenheit gab, alles irgendwie Unbequeme zurückzudrängen, dagegen alles, wovon ich etwas zu sagen hatte, weiter auszuführen. So konnte ich sogar einige mir selber neue Concetti vorbringen; dann einige freundlich-interessierte Fragen von W. Stern, mehr um eignen Anteil zu bekunden als um zu ›prüfen‹, und schließlich noch eine Frage des Dekans, dem es mit unsäglicher Mühe gelang, von dem Thema ›Proportion‹ auf sein Steckenpferd ›Stadtbilder‹ herzuvoltigieren.

Wie angenehm, dass gleich im Anschluss Doras Bruder Walter dazukam, um den nach Anspannungen gewöhnlich auftretenden Stimmungsrückschlag, wie Panofsky mitteilte, gemeinsam zu überwinden.

> […] wir gingen durch die Altstadt zum Hafen, fuhren bis abends auf einem Dämpferchen die Elbe auf und ab, aßen dann ganz vortrefflich Abendbrot und beschlossen die Ereignisse mit einem Punsch Romaine [einem berühmt gewordenen Dessert aus zerstoßenem Eis, Sirup, Orangen-, Zitronensaft, Champagner und Rum, das man den Erste-Klasse-Passagieren der Titanic bei ihrem letzten Abendessen vor dem Untergang serviert hatte, KM] auf der um diese Jahreszeit zauberhaft schönen Terrasse des Alsterpavillons.

Panofsky begann, sich zu akklimatisieren – und er nahm, typisch für ihn, neben Hamburgs Vorzügen auch gleich die Nachteile wahr:

> Ja, Hamburg ist wirklich eine sehr schöne Stadt – nur wird es einem, glaube ich, in diesem Milieu immer rätselhafter werden, daß es Leute giebt, die andauernd Bücher über Proportionslehre u.s.w. schreiben, und daß man selber dazugehört.[3]

Eine treffende Beobachtung! Denn das akademische Denken und Tun war in der Kaufmannsstadt in der Tat wenig ausgeprägt. Die erste Initiative, das 1613 gegründete akademische Gymnasium, hatte seit der Mitte des 19. Jahrhunderts nur noch ein Schattendasein geführt und wurde 1883 geschlossen. 1768 hatte der Pädagoge Johann Georg Büsch – Mitbegründer der »Patriotischen Gesellschaft« – zur Ausbildung des kaufmännischen Nachwuchses eine sehr erfolgreich agierende »Handelsakademie« gegründet, die aber auch nur bis etwa 1800 Bestand hatte und damals eben nicht, wie man hätte erwarten können, in eine Universität umgewandelt wurde. Seit 1837 konnte sich das hanseatische Publikum immerhin in öffentlichen Vorlesungen weiterbilden. 1895 wurden die Aktivitäten dieses »Allgemeinen Vorlesungswesens« durch Werner von Melle ausgebaut. 1907 gründete sich die Hamburgische Wissenschaftliche Stiftung mit dem Ziel der Förderung der Wissenschaften; fast zwei Drittel des anfänglichen, beträchtlichen Stiftungsvermögens stammten übrigens von Bürgern mit jüdischem Familienhintergrund. Auch die Familie Warburg hat sich hier in jeder Hinsicht überdurchschnittlich engagiert. Die Stiftung richtete – ein in Deutschland damals noch unbekanntes Verfahren – als Erstes eine Professur für Geschichte ein. Und sie ermöglichte durch die Übernahme von Honoraren und Zuschüssen bis 1920 zahlreiche Berufungen namhafter Wissenschaftler nach Hamburg, darunter 1916 (auf den Lehrstuhl für Philosophie des Allgemeinen Vorlesungswesens) dic des Psychologen William (Wilhelm Louis) Stern und 1920 die des Völkerrechtlers Albrecht Mendelssohn Bartholdy. Schon seit 1915 leitete der Historiker Richard Salomon das »Osteuropäische Seminar«, mit dem sich Panofsky später blendend verstand. Salomon hatte sich als Achtzehnjähriger taufen lassen, was Panofsky offenbar nicht wusste:

> Als menschlicher Gewinn zu buchen ist die Bekanntschaft des jungen jüdischen Ordinarius für Geschichte, nomine Salomon, der, lebhaft, witzig und durch und durch Humanist, mir sehr freundlich entgegengekommen ist.[4]

Nach und nach kamen wissenschaftliche Einrichtungen wie das Bernhard-Nocht-Institut oder der Botanische Garten hinzu, die – genau wie das 1908 in Hamburg eröffnete Kolonialinstitut – letztendlich noch immer auf die Erzielung ökonomisch verwertbarer Ergebnisse ausgerichtet waren. Der spätere Oberbaudirektor Fritz Schumacher hat es so erlebt:

> Als ich 1909 nach Hamburg kam, musste man in den meisten Kreisen sehr vorsichtig von einer Universität sprechen, sehr einflußreiche Leute sahen in ihr nicht nur etwas Überflüssiges, sondern ein Bleigewicht für die wirtschaftliche Stoßkraft Hamburgs, das alle seine Mittel dem Hafen zuwenden sollte. Daneben spielte als Unterton eine Art Eifersucht mit, denn man fürchtete, dass die geistige Führerschaft des Gemeinwesens von einer selbstbewußten Gelehrtenkaste angefochten werden konnte.[5]

1919 konnte die Gründung der Universität dennoch durchgesetzt werden.[6] Ermöglicht hatte sie die erste demokratisch gewählte Bürgerschaft der Freien und Hansestadt, in der die SPD die stärkste Fraktion stellte. Die neue Hochschule sollte den Charakter einer »Reformuniversität« besitzen, was auch bedeutete, dass die traditionelle Zurückhaltung deutscher Universitäten Juden gegenüber hier weniger Wirkung zeigte. Diese konnten – und das war das Besondere – hier auf verantwortlichen Positionen lehren und forschen, ohne sich taufen lassen zu müssen. So wurde noch im selben Jahr der Jude Ernst Cassirer auf den Lehrstuhl für Philosophie berufen.

Auch Panofskys Hochschulkarriere wurde durch diese besondere Konstellation befördert. Zwar lag die Einrichtung eines ordentlichen kunsthistorischen Lehrstuhls noch in weiter Ferne, aber er hatte einen Fuß in der Tür – und damit einen weiteren Anwärter auf den kunsthistorischen Lehrstuhl überrundet, der eigentlich bessere Chancen gehabt hätte: Walter Heinrich Dammann, wissenschaftlicher Mitarbeiter am Hamburger Museum für Kunst und Gewerbe. Auch dieser hatte sich in Hamburg habilitieren wollen. Dammann scheiterte jedoch vor allem am Einspruch eines Hamburger Gelehrten, der Panofsky von Anfang an unterstützt hatte: Aby Warburgs. Warburg, damals schon psychisch erkrankt, gab auf Paulis Bitte dennoch ein schriftliches Votum ab. Er argumentierte gegen Dammann, dass sich die Kombination von Museums- und Universitätsamt ganz einfach nicht vertrüge – und dass Letzteres doch eine fundierte philologisch-historische Bildung, auch einen rückwärts gerichteten Geschichtsblick verlange, über die der Museumsmann nicht verfüge. Und nicht zuletzt wünsche er als Ordinarius für Kunstgeschichte eine Person, die »für Aufbau und Richtung meiner Bibliothek von Innen heraus Sinn« habe.[7]

Dass Panofsky tatsächlich »Von Innen heraus Sinn« für Warburgs wissenschaftliche Ansätze hatte, dokumentierte etwa sein Aufsatz über »Dürers Darstellungen des Apollo und ihr Verhältnis zu Barbari«, der 1920 im Jahrbuch der preußischen Kunstsammlungen erschien. Darin zitiert er nicht nur Warburgs (noch unpublizierten) Vortrag über die Fresken im Palazzo Schifanoia in Ferrara, sondern bewies auch eine überraschende Vertrautheit mit den in der K.B.W. verhandelten Stoffgebieten, vor allem demjenigen der astrologischen Handschriften. Warburg muss begeistert gewesen sein: Hier folgte ein intelligenter junger Kollege der von ihm gelegten Spur und gewann daraus für seine eigenen Fragestellungen neue Erkenntnisse.

Zeigten sich in Hamburg auch liberale Tendenzen, so musste man anderswo doch noch weitaus stärker mit antijüdischen Ressentiments rechnen. In einem Brief vom 12. Juli 1920 berichtet Panofsky seiner Frau, dass Goldschmidt doch »tatsächlich den faulen Witz gemacht« habe, ihn für eine Professur an die Universität Dorpat [das estnische Tartu, KM] vorzuschlagen. Hier, am Rande des zentraleuropäischen Kulturhorizonts, bestand seit 1632 eine weitestgehend deutschsprachige Hochschule, die sich durch die gezielte Anwerbung erstklassiger Wissenschaftler einen sehr guten Ruf erworben hatte. Aber – »Was er sich dabei gedacht hat, wissen die Götter. Vermutlich hat er schon wieder vergessen, daß ich nicht getauft bin [...]. Na, die Dorpater werden ja nicht weiter darauf zurückkommen.«[8] In diesem Fall irrte Panofsky: Tatsächlich erhielt er am 5. November 1920 die offizielle Aufforderung der Universität Dorpat, sich auf den Lehrstuhl für Kunstgeschichte zu bewerben.[9] Doch er entschied sich, obwohl hier ja die Professur noch in weiter Ferne lag und auch die äußeren Bedingungen nicht gerade günstig waren, für Hamburg. Da von eigenen Seminarräumen noch nicht die Rede sein konnte, etablierte er sich auf das Angebot Gustav Paulis hin im Keller der Kunsthalle – dort, wo sich auch das Kupferstichkabinett befand. Am 1. November 1920 begann das Semester. Panofskys erste Vorlesung (Montag und Sonnabend von 11 bis 12 Uhr, Mittwoch von 10 bis 11 Uhr, im Hörsaal G des Hauptgebäudes der Universität) galt »Michelangelo im Rahmen seiner Zeit«, seine erste Übung, Freitag von 9 bis 9.45 Uhr, »Dürer-Fragen«. Die Sprechstunde fand Montag von 16 bis 18 Uhr in seiner Wohnung statt.

— 24 —

235 Die Großmächte in Ostasien seit 1894: Prof. **Franke.** Mi. 8—9 abends öffentl.

236 Die vorgeschichtliche Besiedelung Afrikas: Prof. **Meinhof.** Mo. 8—9 abends öffentl.

Religionsgeschichte

237 Leben und Lehre Zarathustras: Prof. **Junker.** Di. 7—8 abends öffentl.

238 Über den Shintō, die Urreligion der Japaner: Prof. **Florenz.** Mi. 7—8 öffentl.

C. Kunstgeschichte

239 Michelangelo im Rahmen seiner Zeit: Dr. **Panofsky.** Mo. So. 11—12, Mi. 10—11 priv.

240 Kunstgeschichtliche Übungen (Dürer-Fragen): Dr. **Panofsky.** Di. Fr. 9^{00}—9^{45} privatissime.

Frau Welt und der weltliche Bilderkreis in Literatur und Bildkunst der deutschen Vergangenheit (Außerkirchliche Ikonographie): Prof. **Lauffer,** s. Vorles. Nr. 287.

---

241 Grundzüge für die Geschichte des Kunstgewerbes: Die Techniken und ihre Wirkung auf die künstlerische Gestaltung. II. Teil Glas, Töpferkunst: Prof. **Stettiner.** So. 12½—2 priv.

242 Übungen im Bestimmen kunstgewerblicher Techniken (verbunden mit dem Besuch von Werkstätten): Prof. **Stettiner.** Do. 3—4 privatissime und unentgeltlich. Teilnehmerzahl beschränkt.

243 Übungen auf dem Gebiete der Geschichte des Kunstgewerbes für Fortgeschrittene: Prof. **Stettiner.** Mo. 7½—8½ abends privatissime und unentgeltlich.

244 Die Kunst der Vierlande: Prof. **Stettiner.** Mi. 8—9 abends öffentl.

D. Völkerkunde

245 Allgemeine Völkerkunde I (Grundlagen, Gesellschaft, Wirtschaft): Prof. **Thilenius.** Di. Do. 10—11 priv.

246 Die Völker Afrikas: Prof. **Reche.** Fr. 10—11 priv.

247 Völkerkunde der Südsee: Dr. **Hambruch.** Di. 9—10 priv.

248 Die Märchen der Südsee-Eingeborenen: Dr. **Hambruch.** Fr. 7—8 abends öffentl.

Die Gruppierung der Südseevölker nach ihren Sprachen: Prof. **Dempwolff,** s. Vorles. Nr. 406.

249 Erläuterung der Ozeanischen Sammlung des Museums für Völkerkunde: Dr. **Hambruch.** Mo. 11—12 priv. Teilnehmerzahl auf 20 beschränkt.

Zum ersten Mal im Vorlesungsverzeichnis

Die Zeiten waren schwierig – nach dem verlorenen Krieg herrschte in Deutschland nicht nur politische Unsicherheit, sondern auch eine enorme Knappheit an Lebensmitteln und Wohnraum. Wohnungen waren schwer zu bekommen und wurden durch einen »Wohnungskommissar« zugeteilt. Armut und Hunger mussten bekämpft werden. Selbst Aby Warburg hielt sich eine Ziege, genannt »Lotte« – die übrigens auf dem Gelände der Hamburger Hochbahn an der Kellinghusenstraße grasen durfte –, um seine Kinder mit Milch versorgen zu können. In dieser Situation konnte Panofsky das Seminar nur mit dem Notwendigsten ausstatten. Es fehlte vor allem an Fotografien und Lichtbildern.[10]

Zwar hatte Panofsky Zugriff auf den Lichtbilder-Grundstock der Kunsthalle und konnte aus den Beständen von Oberschulbehörde, Kunstgewerbeschule und der Hamburgischen Wissenschaftlichen Stiftung Leihgaben und Doubletten erbitten: Dennoch muss man sich die Beschaffung der für anspruchsvollere Lehrveranstaltungen notwendigen Reproduktionen als ein durch langwierige Korrespondenz, aufwendige Antragstellungen, durch Tausch- und Leihverkehr reichlich zeitraubendes Verfahren vorstellen. Der frischgebackene Privatdozent der Kunstgeschichte agierte in Personalunion als »wissenschaftlicher Hilfsarbeiter«, der Dias nicht nur bestellte, sondern sie eigenhändig in ein Inventarbuch eintrug und auch selbst beschriftete.[11] Und, nicht zu vergessen, auch er selbst arbeitete zunächst ohne jede Besoldung. Offenbar lebte die Familie (noch) vom eigenen Vermögen. Seine Absage in Dorpat verband Panofsky jedoch mit der an die Hamburger Universität gerichteten Anfrage, ob er zukünftig mit einer gewissen Vergütung würde rechnen dürfen. Der Zweite Bürgermeister Werner von Melle hielt sich bedeckt – Versprechungen könnten nicht gemacht werden.[12]

Privat dagegen gestaltete sich der Wechsel von Berlin nach Hamburg auf das Glücklichste. Ein Bankkonto wurde eingerichtet – »stilgemäß«, wie Aby Warburg gesagt hätte, bei M.M. Warburg und Co. Begeistert konnte Panofsky seiner Frau auch berichten, dass er mit viel Glück und letztendlich einem Vertrauensvorschuss, den er der Familie Mosse verdankte, eine Wohnung gefunden habe – eine »Wunderwohnung«, vermietet von einer Jüdin, deren Räumlichkeiten zu groß geworden waren: in bester, alsternaher Lage, ausgestattet mit acht Zimmern, zwei Balkonen, Garten samt Turnreck für den »Hanpan«

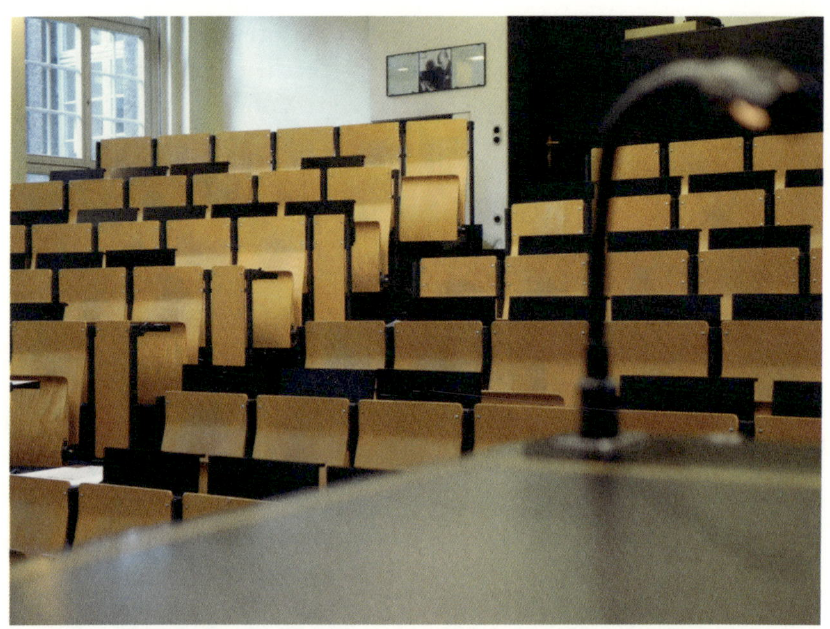

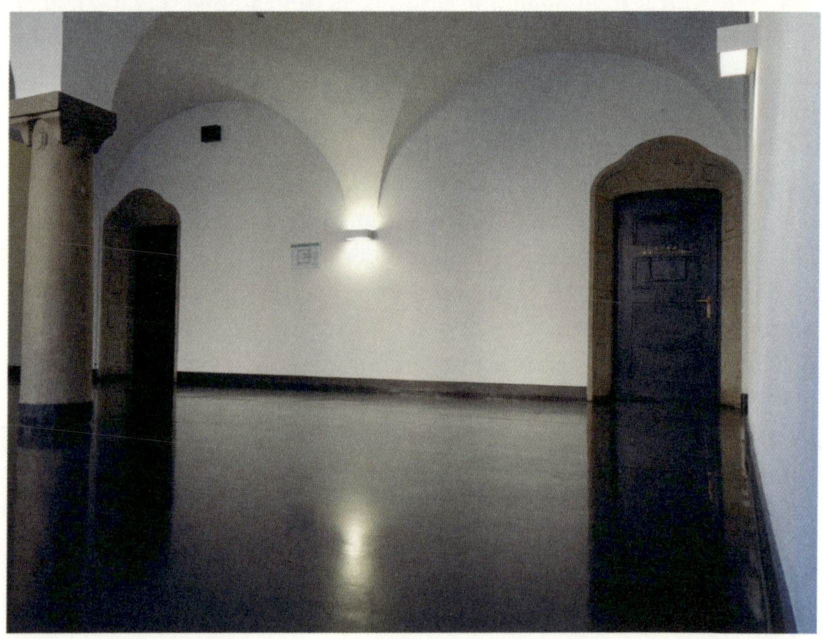

Hörsaal C im Hauptgebäude der Universität Hamburg – heute nach Erwin Panofsky benannt

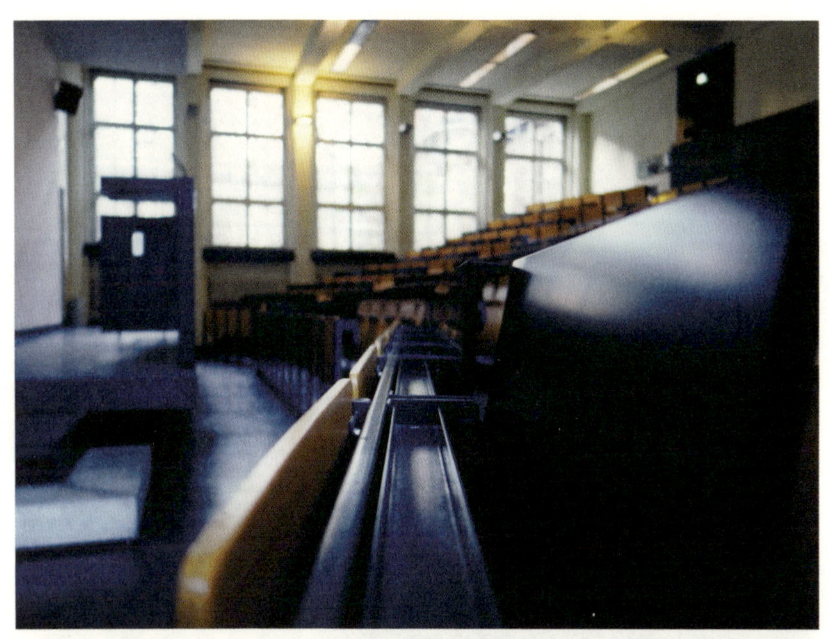

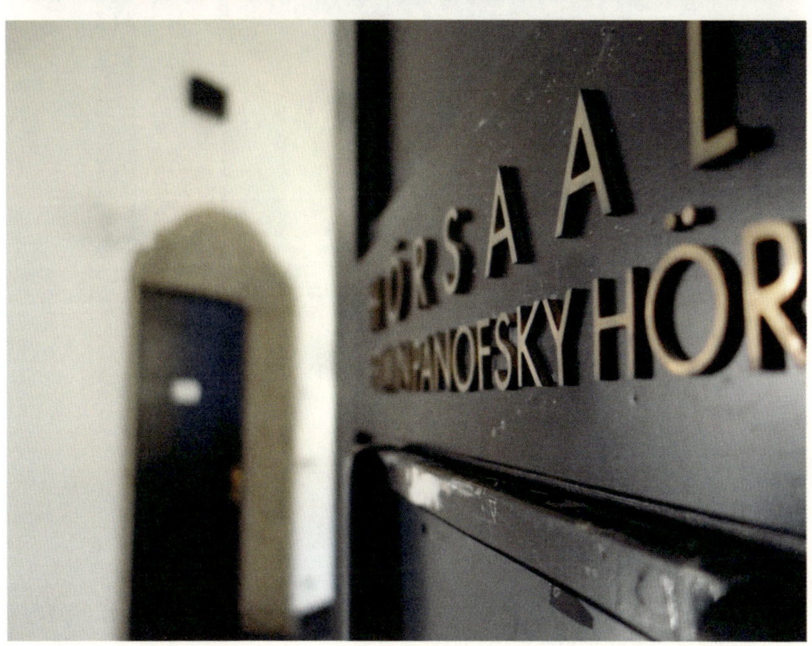
ÖRSAAL
PANOFSKY HÖR

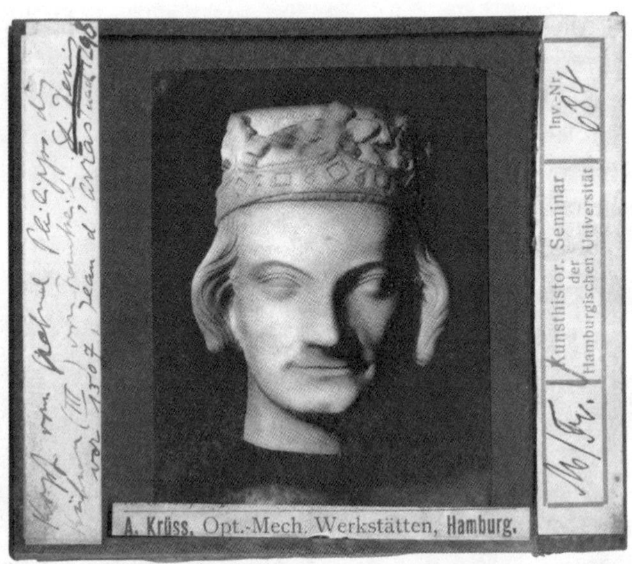

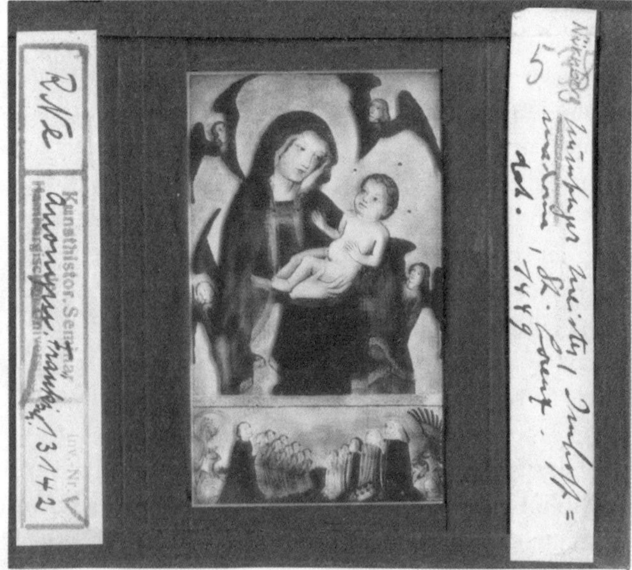

Von Panofsky selbst beschriftete Großdias:
»Kopf vom Grabmal Philipps des Kühnen (III.) von Frankreich, St. Denis vor 1307, Jean d'Arras nach 1298«
»Nürnberger Meister, Imhoff=madonna, St. Lorenz. dat. 1449«

gerufenen Ältesten. Acht Zimmer für eine vierköpfige Familie – das klingt aus heutiger Sicht üppig; der Platzbedarf war aber einerseits dem Personal, andererseits dem Umstand geschuldet, dass Panofskys Mutter »Molch« zu einem integralen Bestandteil des Haushalts geworden war und mit nach Hamburg zog. Auch die Haushälterin Berta Ziegenhagen kam aus Berlin mit nach Hamburg; sie war schon seit 1912 für die Familie Mosse, seit 1917 dann für Panofskys tätig gewesen. Bis zur erzwungenen Emigration der Panofskys sollte sie ein geliebtes Fast-Familienmitglied im Hause der Panofskys bleiben.

Am 15. September fand der Umzug statt, am 1. November 1920 begann das Semester. Zum kunsthistorischen Lehrkörper gehörten neben Pauli der Direktor des Museums für Kunst und Gewerbe, Max Sauerlandt, sowie einer seiner Mitarbeiter, der von Panofsky sehr geschätzte Richard Stettiner; dieser war gerade 1920 zum ersten hauptamtlichen Denkmalpfleger der Freien und Hansestadt ernannt worden. Am 10. November hielt Panofsky seine öffentliche Antrittsvorlesung über »Michel Angelo und Lionardo. Ein Gegensatz der künstlerischen Weltanschauung«. Gleichzeitig nahm er erneut Fühlung auf zur K.B.W., die sich damals noch in den Privaträumen Warburgs in der Heilwigstraße 114 befand.

Inzwischen hatte Panofsky auch Fritz Saxl kennengelernt, den kommissarischen Leiter der K.B.W., deren Gründer sich zu diesem Zeitpunkt zur Behandlung einer schweren Psychose im Sanatorium befand. Von Anfang an scheint zwischen den beiden Neu-Hamburgern (Saxl stammte aus Wien) kein Konkurrenzdenken, sondern eine menschliche wie fachliche Übereinstimmung geherrscht zu haben. Schon im Oktober hatte Saxl Warburg berichtet: »Pan ist unser eifrigster Besucher jetzt, und das ist recht so« – und am 23. November schrieb er erneut:

> Dr. Panofsky ist fast täglich unser Gast und der eifrigste Benutzer unserer Bibliothek. Worüber ich mich sehr freue, ist, dass er nicht nur die Bücher verwendet, sondern auch versucht, sie in Ihrem Sinne zu verwenden. Die Vorlesungen für Kunstgeschichte in der Universität sind ziemlich gut besucht; Dr. Panofsky hat auch schon einen Hörer, der bei ihm sein Doktorat machen will und der mir einen sehr guten Eindruck macht [Edgar Wind, KM]. Auch er kommt öfter zu uns.[13]

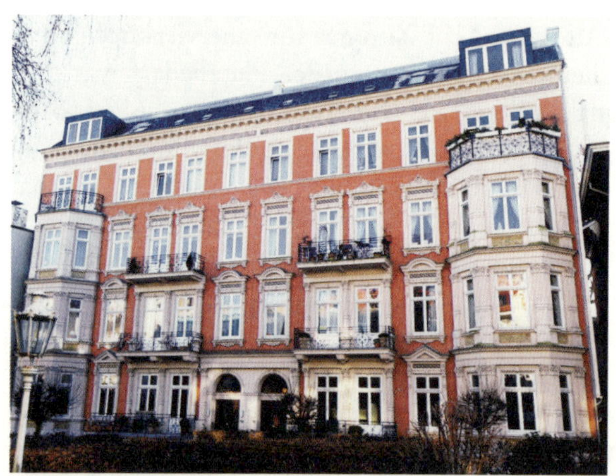

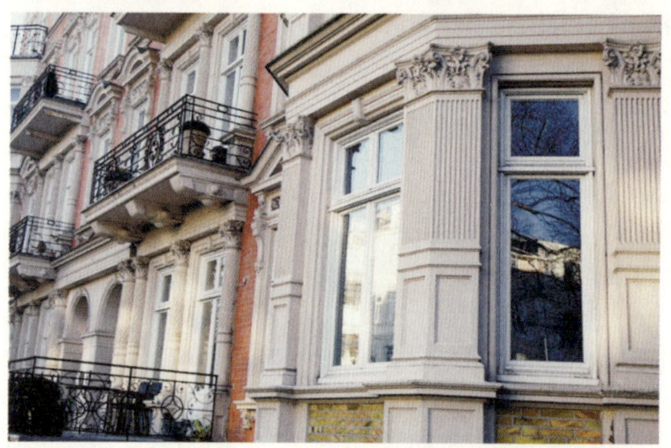

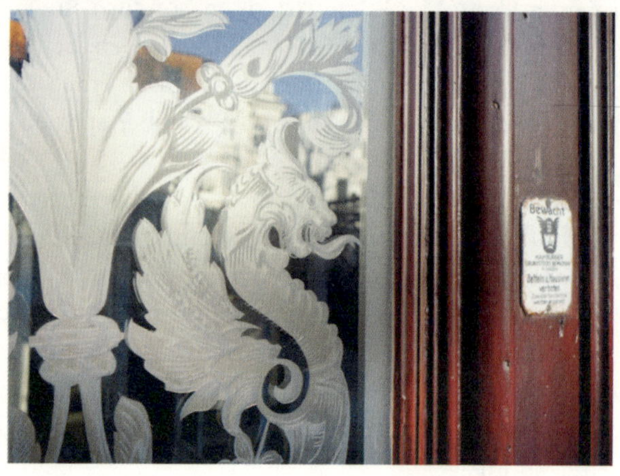
Bewacht

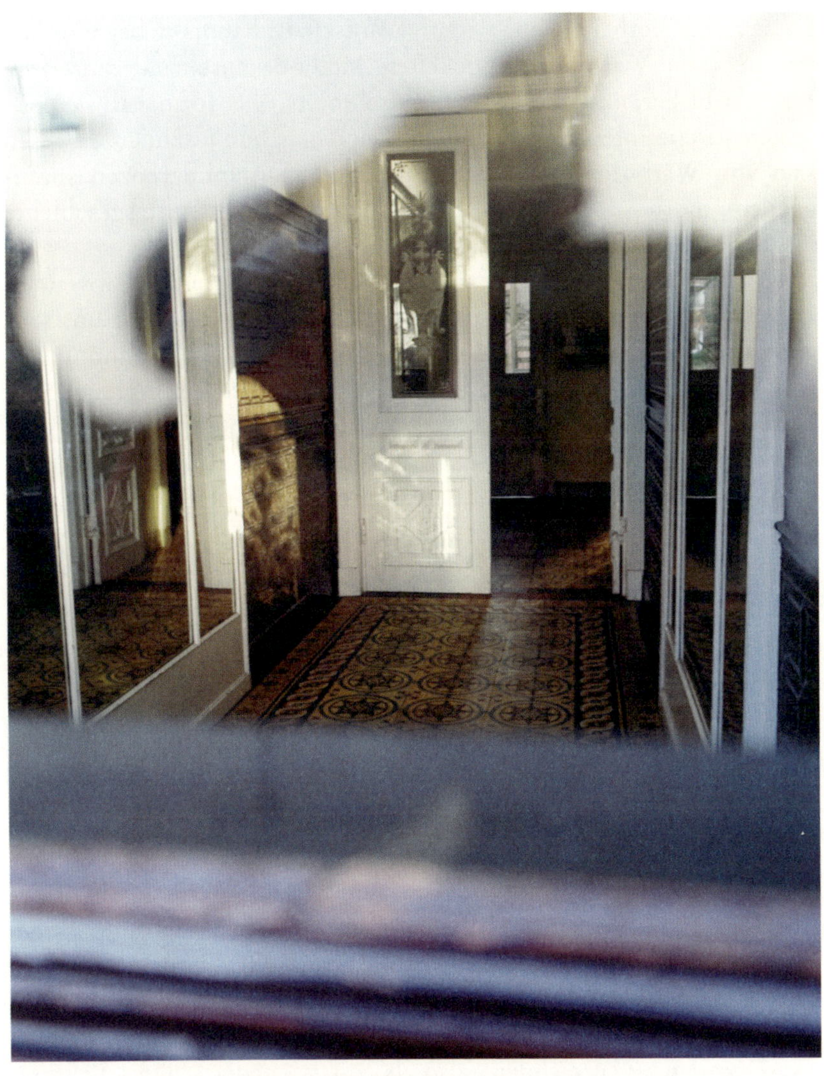

Panofskys Wohnung in der Alsterchaussee 11, Parterre rechts

Diese Zeilen enthalten eine wichtige Botschaft: Panofsky begann, sich mit der von Warburg entwickelten Methode auseinanderzusetzen. Hatte er bisher, im Fahrwasser Goldschmidts, eher formanalysierend-systematische Interessen vertreten, so muss er nun fasziniert gewesen sein von Warburgs extrem weiträumigem, Disziplingrenzen sprengendem, motiv- und typengeschichtlichem, auf die Geistesgeschichte insgesamt hin orientiertem Ansatz.

»Onkel Eugen«, so berichtete die Schwiegermutter im November 1920, werde gerade von Max Liebermann gemalt. »Daß wir uns sehr auf Deinen Judenvortrag freuen, [...] bedarf keiner Erwähnung.«[14] Ein Judenvortrag? Gemeint ist ein Vortrag über »Rembrandt und das Judentum«, den Panofsky am 28. Dezember 1920 in der Berliner »Hochschule für die Wissenschaft des Judentums zu Berlin« hielt. Es ist mehr als wahrscheinlich, dass die Anregung zu dieser Veranstaltung von Panofskys Schwiegervater Albert Mosse ausgegangen war, der seit langem dem Kuratorium der Hochschule vorsaß. Der Abend wurde zu einem großen Erfolg. Die Aula war überfüllt, auch Max Liebermann befand sich unter den Zuhörern; Anfang Januar erschien in der »Vossischen Zeitung« eine Besprechung, und im April musste der Vortrag vor dem Kunstverein Gießen wiederholt werden. Es sollte Panofskys einzige direkte Auseinandersetzung mit jüdischen Fragen bleiben. Dennoch ist er für die Frage nach den Motivationen, die Panofskys Handeln bestimmten, eine wichtige Quelle: Wer sich als jüdischer Wissenschaftler mit dem »Judentum« beschäftigte, betrieb selbstverständlich auch eine Auseinandersetzung mit der eigenen Identität.[15] Und dies galt auch, wie wir sehen werden, für einen sich in höchstem Maße als assimiliert verstehenden Juden, der den schönen deutschen Vornamen »Erwin« trug (während seine Großeltern väterlicherseits noch »Loebel« und »Mira« gerufen worden waren) und der sich selbst als »Düreristen« bezeichnete, also als jemanden, der sein intellektuelles Dasein einer Ikone der »deutschen« Kunst gewidmet hatte.

Panofskys Ausgangspunkt war die Rembrandt-Monographie des Heidelberger Professors Carl Neumann, »Rembrandt und das religiöse Leben in Holland«. Neumann war ursprünglich jüdischer Herkunft, hatte sich jedoch im Alter von siebenundzwanzig Jahren taufen lassen. Ein wahrer Saulus, der zum Paulus wurde, hatte sich Neumann in der Folgezeit auf die Seite der national denkenden, völ-

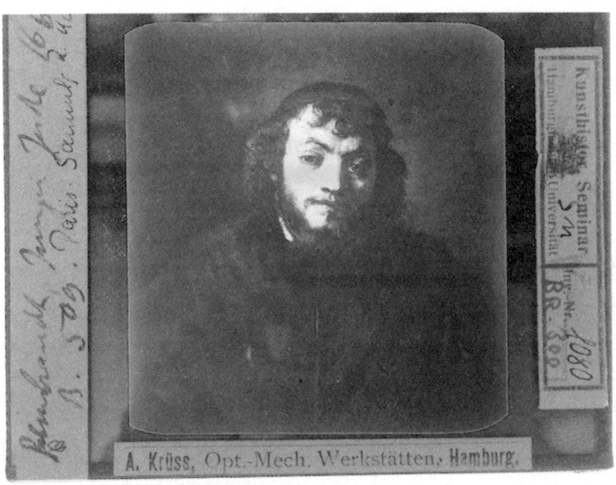

Großdia für den Rembrandt-Vortrag, von Panofskys Hand beschriftet

kisch orientierten Zeitgenossen geschlagen; ihm ging es darum, gegen die »Renaissancekultur«, die »Versuchung und Lockung der südlichen und heidnischen Kunst« das Elementare »unseres Wesens« zu positionieren.[16] Bei Rembrandt suchte und fand er den »Zusammenhang mit den Wurzeln der Nation«, das »Wesen und Sinnesart der nordischen und deutschen Natur«.[17]

Hier setzte Panofsky an. Seinen Vortrag legte er als ein anspruchsvolles intellektuelles Bravourstück an, das, sich in seiner Intensität kontinuierlich steigernd, die Hörer mit einer unerwarteten Schlussfolgerung überraschte. Zunächst wurden wie mit einem mit breitem Pinsel, fast gemütvoll, die politischen und religiösen Voraussetzungen für die besondere Verbindung Rembrandts zum Judentum geschildert. Aus jüdischer Sicht galt das 17. Jahrhundert der Niederlande als ein Goldenes Zeitalter, in dem die aus Portugal und Spanien geflohenen Juden als »Kulturträger« respektiert wurden und in dem »eine große Reihe geistig hochstehender Persönlichkeiten« aus ihren Reihen »als Gelehrte oder Künstler mit den gebildeten Christen unter vollkommener Gleichberechtigung verkehrten«.[18] Dann widmete sich Panofsky dem besonderen künstlerischen, ästhetischen Interesse Rembrandts an den jüdischen Charakteren, die ihn einerseits ihrer orientalischen

Ausstrahlung, andererseits ihrer kulturellen Nähe zur Bibel wegen angezogen hätten; auch sei er mit dem Oberrabbiner, dem hochgebildeten Schriftsteller Manasse ben Israel, persönlich befreundet gewesen. Vor allem für den späten Rembrandt versuchte Panofsky qua »vergleichendem Sehen« zu zeigen, wie sehr diesem daran gelegen gewesen war, die Eigentümlichkeiten »jüdischen Wesens« darzustellen – nicht karikierend, sondern liebevoll. Hier klingt bereits das Thema »Spätwerke großer Meister« an, das Panofsky noch in der Emigration weiterverfolgen und ausbauen wird. Und schließlich ging es um Metaphysisches. Der späte Rembrandt habe die Welt und die Menschen, so seine These, »sub specie aeternitatis«, also unter dem Aspekt der Ewigkeit, gesehen. Genau wie zur gleichen Zeit der jüdisch-niederländische Philosoph Spinoza habe er »die individuelle Seele als eine Erscheinungsform des Göttlichen« verstanden.

> Wenn es überhaupt möglich ist, die gedankliche Sprache der Philosophie mit der anschaulichen Sprache der Kunst zu vergleichen, so hat der größte germanische [sic!] Maler am Ende seiner Laufbahn die Welt so *dargestellt* wie der größte jüdische Philosoph sie *gedacht* hat.[19]

Vieles lässt sich aus Panofskys kunstvoll konstruiertem Vortrag lernen, vieles über das 17. Jahrhundert, die Niederlande, Rembrandt, Spinoza. Auf einer zweiten Ebene aber erfährt man aus diesem, im geschützten Raum der Hochschule für das Judentum präsentierten Text ebenso Entscheidendes über Panofsky selbst, über seine Nöte, seine Hoffnungen, seine Überzeugungen – und über sein eigenes Verhältnis zum Judentum. Denn Panofsky spricht nicht nur über die Vergangenheit. Er spricht auch über das Heute. Seine Beschreibung der »jüdischen Gestikulation« etwa, die vor der Unausdrückbarkeit von Gefühlen und Gedanken zu resignieren scheine, setzt sich nicht nur mit historischen Mimik-Theorien, sondern auch mit zeitgenössischen Stereotypen auseinander,

> dieses Hochziehen der Schultern, dies Wiegen des Kopfes, diese so oft verspottete Schwimmbewegung mit nach außen gekehrten Handflächen – das alles hat etwas Unbestimmtes, Hilflos-Vieldeutiges. Der Körper möchte gerne irgendetwas *tun*, um der Seele zum

> Ausdruck zu verhelfen (dies zum Unterschied vom Nordländer) – aber was er tun kann, reicht dann doch nicht hin, um diesen Ausdruck zu einem wirklich *adäquaten* zu machen [...].[20]

Welcher moderne Leser würde da nicht die Figuren der Filme Woody Allens vor sich sehen! Oder wenn er vor Rembrandts Darstellung eines alten Ehepaars (Illustration der Tobias-Legende) auf die besonders innige Verbindung zwischen den Eheleuten hinweist,

> die nur da so innig werden kann, wo zu der Gewohnheit einer langen Ehe noch ein Gefühl von Stammesverwandtschaft und Aufeinanderangewiesensein hinzutritt, wie es nur die jahrhundertlange Abgeschlossenheit der Diaspora erzeugen konnte.[21]

Und schließlich wagt er es, in einem Satz auch das Verhältnis des »größten lebenden Malers« – Max Liebermann – zu jüdischen Modellen zu charakterisieren, die dieser wegen der Gefahr karikierender Überzeichnung ablehne. »Rembrandt hatte es in seinen späteren Jahren nicht mehr nötig, dieser Gefahr aus dem Wege zu gehen.«[22]

Noch eine weitere Bemerkung Panofskys verrät Entscheidendes über seine eigene Haltung zur spezifischen Identitätsproblematik eines jüdischen Deutschen im Kaiserreich: In den Juden habe Rembrandt »die Vertieftheit einer uralten Rasse« gefunden – in der »das Individuum mehr ist als es selbst«, weil sich unter jeder individuellen Oberfläche ein ganzer von den Vorfahren gesammelter Schatz an Erfahrungen und Erlebnissen verberge, die man – unbewusst – in sich trage.[23] Das ist eine Erklärung – Martin Warnke hat dagegen etwa vorgeschlagen, das Verhältnis von Rembrandt zu den Juden eher unter dem Aspekt ihrer romanischen Herkunft zu sehen; sie seien im Amsterdam des 17. Jahrhunderts zunächst als Portugiesen und erst dann als Juden und Marranen, also getaufte Juden iberischer Herkunft, wahrgenommen worden.[24] Es ist jedenfalls aus heutiger Sicht deutlich, dass in Panofskys hochwissenschaftliche Auseinandersetzung eine Menge subjektiver Beobachtungen und Überzeugungen eingeflossen sind.[25] Das niederländische 17. Jahrhundert leuchtete ihm im Glanz einer fernen Utopie. Während der getaufte Jude Neumann Rembrandt als ideologischen Kronzeugen für das Nordische und gegen die »Renaissancekultur« aufbaute, sah Panofsky den Maler mit Spinoza als Vertreter gerade eines besonders humanistischen Menschen- und Weltbildes. In Rembrandts Welt herrschte ein auf Respekt und gegenseitiger Wertschätzung beruhendes, gleichberechtigtes Neben- und Miteinander von Juden und Nichtjuden, ein Verhältnis auf Augenhöhe, das zu gegenseitiger Bereicherung und Befruchtung führte. Panofsky hat auf diese Vorstellung auch später noch seine Hoffnungen gesetzt: »[...] my personal sympathies«, daran hielt er auch in der Emigration fest, »are with, let us say, Holland in the 17th century.«[26]

Es verwundert nicht, dass Fritz Saxl einen begeisterten Bericht über Panofskys Vortrag an Warburg schickte. Denn dieser ließ erkennen, dass der Kollege begann, sich die von der K.B.W. vertretenen Forschungsperspektiven zu eigen machen. Auffällig, wie im »Rembrandt«-Vortrag Panofskys die »Gebärden-Sprache« des niederländischen Künstlers zu einem Kronzeugen für seine Weltanschauung wird – hatte Warburg doch die Suche nach den »Urworten der Gebärdensprache« und deren Nachleben in der »Pathosformel« zum Hauptgegenstand seiner Forschungsarbeit gemacht. Zwar hat dieser sich erst Mitte der zwanziger Jahre systematisch mit Rembrandt befasst. Aber Fritz Saxl war 1912 mit einer Arbeit über Rembrandts Gruppenbilder promoviert worden und hatte seitdem versucht, den von ihm ursprünglich unter rein stilgeschichtlichen Gesichtspunkten gesehenen Künstler in Warburgs Denkmodus einzupflegen. Dies gelang erstmals mit einem Aufsatz über Rembrandts Beziehungen zu Italien, den Saxl 1924 in der Zeitschrift »Oud Holland« publizieren konnte; natürlich bezog auch er hier gegen Carl Neumann Stellung. Panofsky hatte sich – man denke an das für den Habilitationsvortrag vorgeschlagene Rembrandt-Thema – schon früher mit dem Niederländer befasst. Aber man darf annehmen, dass die Ausweitung des Themas ins »Gebärdensprachliche« und ins Geistesgeschichtliche den Diskussionen mit dem Kollegen in der K.B.W. zu verdanken war.

1921
Melancholie in doppelter Hinsicht

Eigentlich ließ sich alles prächtig an: Hamburg »ist wirklich, zumal im Herbst und im Frühjahr, sehr schön und bietet manches Sehenswerte«.[1] Frau, Kinder und Mutter waren bestens installiert, die Arbeit machte Spaß, die Resonanz war ausgesprochen positiv – aber es fehlte eben doch das Entscheidende: die finanziellen Mittel. Im Frühjahr schickte Vater Mosse von seiner Pensions-Rückzahlung 1200 Mark für eine Pfingstreise. Panofskys eigenes Vermögen schien inzwischen aufgezehrt beziehungsweise, wie bei so vielen, durch die Inflation vernichtet worden zu sein. Ihn quälten Geldsorgen – und ihn beschäftigte die Frage nach seiner persönlichen Zukunft. Deutlich wird dies in seinen privaten Briefen. Als er sich im September (ohne die Familie) in Rom aufhielt, um endlich Michelangelos Sixtina-Fresken im Original sehen zu können, sollten die Söhne nicht böse sein, dass er ihnen so selten eigene Grüße schickt: »es sind immer 40-60 Cent (= 2,00-2,40 M.), abgesehen von der Zeit.«[2]

Es war die reichlich vorhandene Fachliteratur, es war Saxl als anregender Dialogpartner, es waren die hier behandelten, auf große Zusammenhänge ausgerichteten Forschungsfragen – aber es war vielleicht auch die Hoffnung auf eine Festanstellung, die Panofsky ab dieser Zeit dazu bewegte, sich eng an die K.B.W. anzuschließen. So heißt es in einem Mitte des Jahres von Saxl und Panofsky gemeinsam in die Heilanstalt Kreuzlingen, an Warburg gerichteten Brief:

> Ich benutze die Bibliothek mit grossem Fleiss und noch größerer Dankbarkeit und bin eben selbst dabei, eine kleinere Arbeit über das Problem ›Dürer und die Antike‹ mit Saxls Hilfe zum Abschluss zu bringen. [...] Saxl wird Ihnen berichtet haben, dass wir an dem Melancholie-Problem gemeinschaftlich weiterarbeiten und Ihre Ergebnisse immer wieder von verschiedenen Seiten her bestätigt finden.[3]

Einen thematischen Begegnungsraum bot neben Rembrandt vor allem Dürer, über dessen Verhältnis zu Italien Warburg bereits früher publiziert hatte. Jetzt aber tat sich Panofsky dafür auch mit Saxl zusammen.

So veranstaltete er seine Dürer-Übung gelegentlich in der K.B.W., wo Saxl etwa über den Melancholie-Stich referierte: ein Thema, das beide noch viele Jahre beschäftigen sollte: Zusammen arbeiten sie zunächst einen Vortrag für die religionswissenschaftliche Gesellschaft in Hamburg aus; später sollte sich das Thema ausweiten, da Panofsky und Saxl gemeinsam auf Bitten von Warburg die postume Veröffentlichung einer Arbeit zum gleichen Thema, die der verstorbene Kunsthistoriker Karl Gielow hinterlassen hatte, übernahmen. Jahrzehnte später entstand daraus eine Publikation, die Geschichte gemacht hat: »Saturn und Melancholie«.[4]

Am 15. April 1921 begann das Sommersemester. Richard Stettiner bot Veranstaltungen zur angewandten Kunst an. Panofsky hatte seinen Vortrag zu »Neun Vorlesungen über Rembrandt« ausgearbeitet; sie fanden mittwochs von 18.00 bis 19.00 Uhr statt und waren öffentlich. Die angekündigte »Altniederländische Malerei« war auf das Wintersemester verschoben worden. Dazu kamen »Übungen zur Baugeschichte der italienischen Renaissance«, für die Italienischkenntnisse erforderlich waren. Im Juni übertrug man ihm, immerhin, formell die Leitung des Seminars.

Am 29. Oktober erhielt er die Prüfungserlaubnis und stieg somit zum, wenn auch unbesoldeten, Privatdozent für Kunstgeschichte auf. Das ließ sich zwar als eine ausdrückliche Anerkennung verstehen, löste aber seine wirtschaftlichen Probleme nicht. Im Wintersemester las Panofsky dreistündig über die »Altniederländische Malerei« und hielt – hier lässt sich erstmals ein nicht gegenstandsbezogener, theoretischer Anspruch erkennen – eine Übung zur »Methodologie der Kunstgeschichte« ab. Die Übungen waren übrigens unentgeltlich, für die Vorlesungen waren 24, später 30 Mark Hörergeld zu entrichten.

Gegen Ende des Jahres tauchte wie aus dem Nichts – in der Korrespondenz jener Zeit ist es nachzulesen – eine großartige neue Möglichkeit auf: Das Kunsthistorische Seminar und die K.B.W. sollen zusammengelegt werden! Die Initiative ging allerdings nicht von der Universität, sondern von den Warburg-Brüdern, das heißt Max und Fritz Warburg, aus. Diese standen im Begriff, in der Neuen Rabenstraße ein Haus zu erwerben. Es handelte sich um das sogenannte Nordheim-Haus, das dem 1899 kinderlos verstorbenen Großkaufmann und Vorsitzenden der jüdischen Gemeinde, Marcus Nordheim, gehört hatte. In ihm hätten nicht nur Seminar und K.B.W. Platz gefunden, sondern auch ein eigener Vorlesungssaal sowie die Familie von Aby Warburg selbst. Naturgemäß zeigte sich Panofsky von der Idee begeistert – denn die Unterbringung des Seminars im Souterrain der Kunsthalle war nicht nur unbequem und wenig inspirierend, sondern auch mit dem Nachteil verbunden, dass der Seminarbetrieb sich an die Öffnungszeiten des Museums zu halten hatte. Zwar hätte man bei dieser neuen Lösung eine deutlich kleinere Fachbibliothek zur Verfügung gehabt. Aber, so äußerte der junge Privatdozent in seinem Memorandum, dies würde durch den »sinnvoll-lebendigen Aufbau« der Warburg-Bibliothek und »ihren engen Zusammenhang mit der kultur- und religionsgeschichtlichen Abteilung« mehr als aufgewogen:

> anstatt eines ›normalen‹ Universitätsseminars, das sich ebensogut in Greifswald oder Tübingen befinden könne, würde die Hamburgische Universität ein durchaus individuelles Forschungsinstitut besitzen, das der wissenschaftlichen Arbeit nicht nur Mittel, sondern auch Inhalte darbieten und sie anregend und richtungsweisend befördern würde.[5]

Leider sollte sich dieser schöne Plan – die genauen Gründe sind der Autorin nicht bekannt – zerschlagen. Ebenfalls scheiterte die Idee, das Seminar im »Haus Wedells« unterzubringen: Siegfried Wedells war ein ehemals jüdischer, protestantisch getaufter Großkaufmann und Kunstsammler gewesen, der sein in der Neuen Rabenstraße 31 gelegenes Haus mitsamt seiner Sammlung der Freien und Hansestadt vermacht hatte. In der Nähe des Dammtors gelegen, wurde es in der Nachkriegszeit als Gästehaus des Senates genutzt. Heute gehört es der HanseMerkur-Versicherungsgruppe und ist architektonisch in deren Neubaukomplex integriert. Immerhin konnte Panofsky Anfang 1922 die Handbibliothek und die Fotosammlung von Wedells für das Seminar gewinnen.

In der K.B.W. hielt der verehrte Lehrer Adolph Goldschmidt, auf Bitten Saxls, einen Vortrag über »Das Nachleben der antiken Formen im Mittelalter«, in dem er (mit, so zumindest Fritz Saxl, nicht ganz überzeugendem Resultat) ausprobierte, wie sich sein eigener, stilkritischer Ansatz mit Warburgs kulturwissenschaftlicher Methode vertrug.[6] Er tat dies vor allem dem abwesenden Warburg zuliebe – wie überhaupt die Einrichtung der K.B.W.-Vorträge, offenbar eine Anregung Panofskys, der Verbreitung der kulturwissenschaftlichen Methode dienen sollte.

Um den Jahreswechsel herum gelang schließlich die Versöhnung mit dem Kommilitonen und Freund Kurt Badt. Immerhin war die Beziehung einst so eng gewesen, dass Panofskys jüngerer Sohn Wolfgang Kurt Hermann seinen zweiten Vornamen dem Freund verdankte – genannt wurde er allerdings Pief. Über zwei Jahre hatte zwischen den einstigen Freunden Funkstille geherrscht. Wie es Panofskys Art war, suchte er auch hier nach den grundsätzlichen Ursachen für diese Entzweiung: Während bei Badt, so schreibt er in einem Brief, immer heftige Anziehung mit heftiger Abstoßung wechseln würde, sei er eher jemand, der »das Verhältnis zu einem Menschen mehr unter dem Bild zweier Parallelen, als unter dem Bilde zweier sich voneinander entfernenden, aber dafür sich immer wieder vereinigender Wellenlinien« sehe.[7] Daher falle es ihm leicht, in einer Freundschaft Beständigkeit zu bewahren – aber es sei ihm unmöglich, einem Freund mehr zu geben als diese. Voneinander entfernen ist das Stichwort: Beide werden sich zumindest fachlich zu Antipoden entwickeln – denn während Panofsky die Universitätslaufbahn einschlägt, bleibt Badt Privatgelehrter und Künstler, während Panofsky nach der geistesgeschichtlichen Dimension der Kunst sucht, ist Badt, im Gegenteil, dem spezifisch Künstlerischen, »den inneren Gründen« des Kunstwerks auf der Spur.

1922
Jüdischer Privatdozent, ewiger Privatdozent?

Anfang 1922: Panofsky – den alle nur noch »Pan« nennen – ist deprimiert. »Die Aussichtslosigkeit der äußeren Situation (mit der inneren würde man allenfalls fertig werden) bedrückt mich gerade jetzt recht sehr, und ich würde gerne jede Möglichkeit ergreifen, um aus der Lage eines jüdischen (und das heißt ewigen) Privatdozenten herauszukommen; vorläufig ist das noch ein bloßer Wunsch – in kurzer Zeit wird es eine Notwendigkeit sein; wenn man nur etwas ›Ordentliches‹ gelernt hätte!«, so klagte er in einem Brief an Kurt Badt.[1] Trost bot die K.B.W.:

> Das Wesentlichste für mich ist, daß die Warburgsche Bibliothek hier, deren Programm ein Zusammenwirken von Kunst-, Philosophie- und Religionsgeschichte ist, meinen Gesichtskreis sehr erweitert hat … es ist etwas sehr Schönes, in einem Laboratorium all das, was zur Erkenntnis einer historischen Erscheinung in ihrem ganzen Umfang gehört, zusammenzuhaben … was jetzt alle so gerne wollen, und was auch ich immer erstrebte – etwa in der Summe der historischen, auch kunsthistorischen, Phänomene einen gemeinsamen ›Sinn‹ zu erkennen – das wird eben doch nur möglich sein, wenn man sich durch eine ziemliche Menge Materials hindurchgefressen hat, und das kann eben nur da gelingen, wo dieses Material gereinigt und von vornherein sub specie eines bestimmten Gedankens gesammelt ist. Der Aufsatz über Dürer und die Antike, der hoffentlich bald erscheint, ist, wie ich glaube, schon ein kleiner Schritt in dieser Richtung.[2]

Panofsky scheint in jenen ersten Hamburger Jahren fast über seine Kräfte hinaus gearbeitet zu haben. Neben den Lehrverpflichtungen nahm der Betrieb des Seminars, wie die im Hamburger Warburg-Archiv erhaltenen Unterlagen dokumentieren, reichlich Zeit in Anspruch. Die kleinteilige Korrespondenz mit Kollegen, Bibliotheken, Buchhändlern und anderen Institutionen über den Ankauf und die Ausleihe von Büchern und Lichtbildern füllte zahlreiche Ordner. Dazu kamen die Publikationen:

> […] ein Aufsatz über Dürers Stellung zur Antike […], ein Aufsatz über die Entwicklung der Proportionslehre (als Abbild der Stil-Entwicklung) – mein altes Steckenpferd, das ich in den Monatsheften spazierenreite – ein langer Sammelbericht über Michelangeloliteratur […], ein Aufsatz über die Laurenzianatreppe, der auf Grund einer unpublizierten Zeichnung und allerhand Urkunden eine sogenannte obschwebende Tatsachenfrage zu lösen versucht – endlich ein Bändchen ›Michelangelos Handzeichnungen‹ für Tietzes unglückliche kunstgeschichtliche Bibliothek. Daneben habe ich (in Gemeinschaft mit Dr. Saxl, meinem liebsten Bekannten hier) einen Vortrag über Dürers Melancholie gemacht […].

Wenn die auf dieser Grundlage geplante Untersuchung fertig sei, komme »hoffentlich der (gänzlich umzubauende) ›Michelangelo‹ an die Reihe«.[3] Ebenfalls für Tietzes Reihe (und sicher auch aus rein pekuniären Gründen) war ein Bändchen über die Sixtinische Decke entstanden, das diese, ungewöhnlich genug, vor allem unter perspektivischem Aspekt behandelt. Besondere Mühe, seinen Text auch für ein Laienpublikum aufzubereiten, hat sich Panofsky hier nicht gegeben. Schon mit dem ersten Satz – dies ein durchgängig zu beobachtendes Stilmittel – sprang er in medias res:

> Die malerische Ausschmückung eines Deckengewölbes hat nichts Problematisches für eine Kunst, die unperspektivisch und atektonisch denkt, d.h. die Decke so behandeln kann, als ob sie weder hoch zu unseren Häupten sich befände, noch auch den Gesetzen von Schwere und Spannung, Schub und Widerstand unterworfen wäre.

Gerade der Aufsatz über Michelangelos Treppe in der Biblioteca Laurenziana zu Florenz aber verdeutlicht, wie sehr es ihm darum ging, immer wieder auch auf dem Terrain der Sachuntersuchungen seine Spuren zu hinterlassen. Um die Frage nach Michelangelos ursprünglicher Planung zu klären, rollte Panofsky den vieldiskutierten Fall im Licht einer winzigen, noch unpublizierten Skizze des Florentiner Meisters neu auf. Wie wir es von ihm gewohnt sind, entwickelte er seine These vom Besonderen zum Allgemeinen – und fügte seine konkreten Beobachtungen in die große Frage nach dem Wesen der Stile ein: Wo in

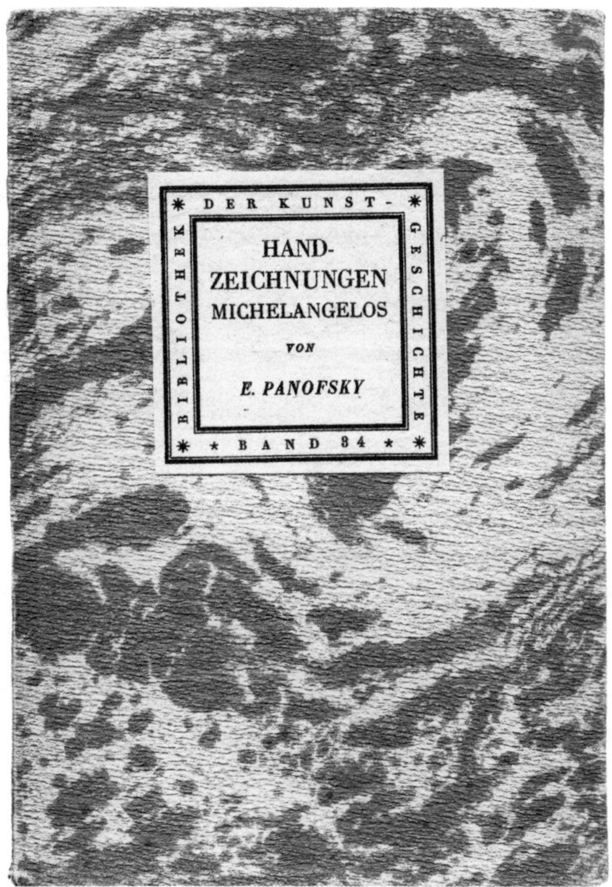

Handzeichnungen Michelangelos (erschienen 1922)

der Renaissance gebundene Form und Freiheit sich die Waage hielten, gewänne im Barock die Freiheit die Oberhand. Michelangelo dagegen erzeuge eine Spannung zwischen beiden, die sich niemals auflöse.[4]

Im Sommersemester 1922 las Panofsky über die »Deutsche Kunst des Mittelalters«. Die »Kunstgeschichtlichen Übungen« wurden eher locker »nach Verabredung« abgehalten. Pauli handelte über Dürer. Panofskys Bestallung machte keine Fortschritte. Von verschiedenen Seiten, vor allem von Gustav Pauli und Ernst Cassirer, wurde auf Universität und Stadt immer wieder Druck ausgeübt, und auch Senator

Carl Petersen (der spätere Bürgermeister) setzte sich ein: Aber nichts fruchtete. Noch bis in den Juli hinein war Panofsky von depressiven Verstimmungen geplagt – denn, so berichtete er wiederum Kurt Badt,

> die Sache war die, daß hier auf keine Weise eine mir halb und halb versprochene, aber nie richtig festgelegte Besoldung zu erzielen war, sodaß ich wohl oder übel zu dem Entschluß gelangte, die ganze für einen Juden an und für sich fast aussichtslose Universitätsgeschichte aufzugeben und einen anständigen Abgang einem unwürdigen Fortwursteln vorzuziehen.[5]

Jetzt aber habe man sich doch entschlossen, ihm für den Sommer einen Lehrauftrag und vom 1. August 1922 an eine festbesoldete Hilfsarbeiterstelle zu übertragen – etwas grotesk, wie er zu Recht fand, (»bei mir selbst als Chef!«), aber immerhin situationserleichternd. Sie war mit 75-80000 Mark jährlich dotiert, was in Hamburg allerdings nicht hin und nicht her reiche.

Damit erschienen Gegenwart und Zukunft aber doch in einem etwas rosigeren Licht: Wider Erwarten hätten er und seine Frau, so berichtete er weiter, Anschluss an einen sehr netten und anregenden Kreis gefunden, seine eigenen Vorlesungen bereicherten seine Kenntnisse sehr wesentlich, und dem ersten Produkt der »Hamburger Schule«, Edgar Wind, habe die Fakultät für seine Dissertation unisono das Prädikat »mit Auszeichnung« zuerkannt. Sie behandelte eine grundlegende kunstphilosophische Frage. Die reine Formanalyse à la Wölfflin erschien Wind unproduktiv, er plädierte stattdessen für die Interpretation eines Kunstwerks aus der Situation seiner Entstehung heraus. Genau dies sollte tatsächlich das Hauptanliegen der »Hamburger Schule« werden.[6] Cassirer und Panofsky waren von der scharfsinnigen Abhandlung hoch beeindruckt, und auch Warburg schätzte Wind sehr.

Für die Ferien mietete sich die Familie in einem historischen Landgasthof bei Schneverdingen in der Heide ein. Für ein paar Tage kam die liebe Freundin Bella Martens – Paulis Assistentin in der Kunsthalle – mit. Hier konnte Panofsky in Ruhe, wie er hoffte, den Melancholieaufsatz fertig schreiben. Die Fertigstellung seiner Habilitationsarbeit dagegen musste noch warten, bis er – man kann es verstehen – Michelangelos Handzeichnungen in England selbst gesehen habe. Warum, so fragt man sich heute, fuhr er nicht mal schnell hinüber? »Allein die Reise hin und zurück würde etwa 20 Pfund kosten, und direkt um die zu betteln kann ich mich nicht entschließen.«[7]

Am 1. November startete das Wintersemester. Fritz Saxl hatte sein Habilitationsverfahren abgeschlossen; seine Arbeit trug den Titel »Bilddokumente der Auseinandersetzung zwischen Orient und Okzident in der Spätantike«. Ab jetzt beteiligte er sich an der universitären Lehre, und zwar mit einer Veranstaltung zu den »Schriftquellen zur Kunstgeschichte des Mittelalters und der Renaissance«. Panofsky führte sein Mittelalter-Thema mit einem zweiten Teil fort. Seine öffentliche Vorlesung behandelte ein Thema, das sich in seinem Portfolio fremd ausnimmt: »Ausgewählte Kapitel aus der Geschichte der Landschaftsdarstellung«. Für die Übungen musste eine Teilnehmerbeschränkung eingeführt werden.

1923
Warum auf Platos »Idee« das deutsche Mittelalter folgen musste

Gleich zu Beginn des Jahres hielt Panofsky in der K.B.W. einen anspruchsvollen Vortrag über den antiken, durch Plato behandelten Begriff der Idee und dessen »Nachleben« in der Renaissance, in jener Epoche also, in der Vernunft und Denkvermögen ihre ersten großen Triumphe feiern. Er widmete sich damit einem Thema, das durch Cassirers Vortrag über »Die Idee des Schönen in Platos Dialogen« angeregt und als Parallele zu diesem angelegt worden war. Der Text wurde in den »Studien der Bibliothek Warburg« publiziert und demonstrierte so der Fachwelt erneut die interdisziplinäre Perspektive und die philologische Gründlichkeit seines Autors.[1]

Im Februar 1923 erhielt Warburg in Kreuzlingen Druckbögen zur Durchsicht: Das von Saxl und Panofsky gemeinsam verfasste Buch über Dürers Melancholie-Stich war fertiggestellt. Er machte Korrekturvorschläge, argumentierte in manchen abgelehnten Deutungsfragen und kritisierte, dass die literarischen Figuren »Hamlet« und »Faust« nicht in die Untersuchung aufgenommen seien – insgesamt aber fand er die Arbeit »einfach staunenswert«.[2] Dem Urteil kann man sich noch aus heutiger Sicht anschließen. Auf der Suche nach den Welten, die sich hinter diesem sehr besonderen Kunstwerk verbergen, haben Saxl und Panofsky hier eine wahre Parforcetour durch die europäische und außereuropäische Kulturgeschichte unternommen. Für ihre Untersuchung bezogen Panofsky und Saxl nicht nur die bildkünstlerische, sondern auch die medizin-, philosophie-, astrologie- und literaturhistorische Tradition mit ein, verfolgten die Geschichte des Begriffs von seinen antiken Quellen über arabische Zwischenstationen bis in das Mittelalter und die Neuzeit. Nicht zuletzt hat die hier unternommene intellektuelle Reise auch wegen ihrer systematischen, weitgehend auf Panofsky zurückgehenden Darstellung Berühmtheit erlangt.

Als das Sommersemester am 15. April begann, beteiligte sich Panofsky mit einer »Einführung in die bildende Kunst der italienischen Renaissance I. Das XV. Jahrhundert« am Lehrprogramm, während Saxl die Studenten in der Heilwigstraße 114 weiter mit Schriftquellen

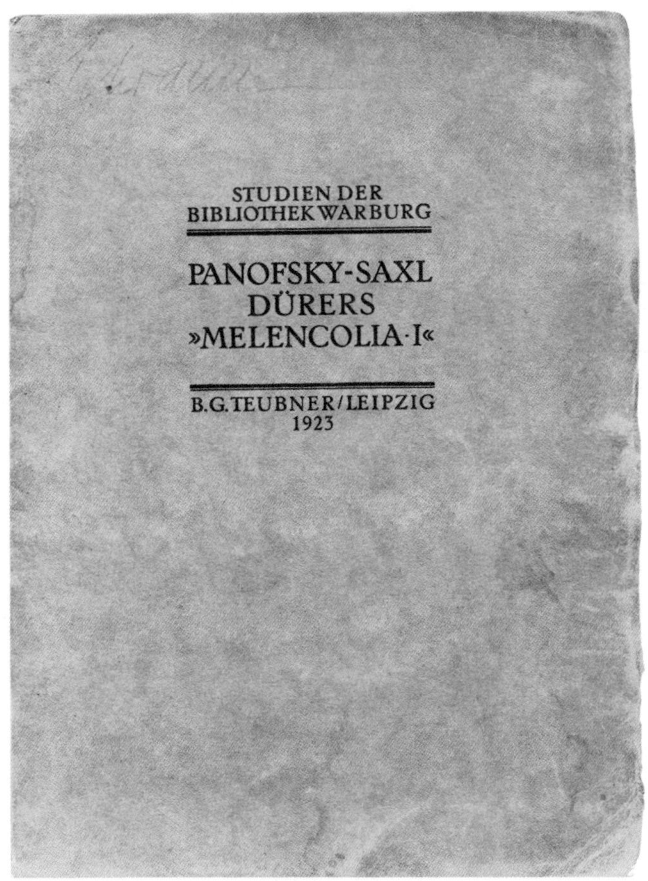

Dürers »Melencolia I« (erschienen 1923)

vertraut machte und zusätzlich »Übungen über die niederländische Graphik des 16. und 17. Jahrhunderts« anbot. Panofskys Übungen scheinen sich weiter steigender Beliebtheit erfreut zu haben, denn inzwischen war es nötig geworden, sie zu teilen – in eine für Anfänger und eine für Fortgeschrittene; zur Letzteren erfolgte die Zulassung nur aufgrund einer schriftlichen Probearbeit. Und die Sprechstunde fand nun nicht mehr in der Wohnung, sondern im Kunsthistorischen Seminar statt. Mit dessen Leitung war nun, so konnte man es im Vorlesungsverzeichnis lesen, Erwin Panofsky beauftragt.

74

Kunsthistorisches Seminar
der
Hamburgischen Universität

Hamburg, den 17. Oktober 1923
Kunsthalle, Glockengießerwall.
Telephon: Vulkan 5459.

Copie

Ew. Magnifizenz

gestattet sich das Kunsthistorische Seminar der Hamburgischen Universität, als eines der jüngsten Kinder der hiesigen Alma Mater, zum morgigen Tage seine aufrichtigen und verehrungsvollen Glückwünsche darzubringen. Wie alle Lehrer und Schüler der Hamburgischen Universität fühlen sich auch die Mitglieder des Kunsthistorischen Seminars dem Schöpfer ihrer wissenschaftlichen Heimstätte in steter Dankbarkeit verbunden und wünschen ihm von Herzen, daß er die Wiederkehr des morgigen Tages noch oft und bei gleich ungeschwächten Kräften erleben möge.

Persönlich bitte ich Ew. Magnifizenz für das mir stets so gütig entgegengebrachte Wohlwollen an diesem Tage meinen [illegible] ~~aufrichtigen~~ Dank aussprechen zu dürfen, und verbleibe

in vollkommener Hochachtung

als Ew. Magnifizenz ergebenster

Panofsky.

Sr. Magnifizenz Herrn Bürgermeister Dr. von Melle,
Ehrenrektor der Hamburgischen Universität.

Gratulationsschreiben Erwin Panofskys an Werner von Melle vom 17. Oktober 1923

Warburgs Plan schien damit aufzugehen. Er hatte ein Zentrum für Renaissance- und damit auch Humanismus-Forschung geschaffen, dieser zugleich mit den Publikationen der K.B.W. eine Stimme gegeben und über das Ordinariat Panofskys dafür gesorgt, dass sich sein kulturgeschichtlicher, interdisziplinärer und transmedialer Ansatz weiterverbreitete. Doch gerade seine uns heute so modern, so innovativ erscheinende Frage nach den »Wanderstraßen der Kultur«, nach der Mobilität von Themen und Bildmotiven war es, die kritischen Stimmen Nahrung gab. Denn das Motiv des Wanderns, der ständigen Bewegung verbanden nicht wenige Zeitgenossen – Panofsky deutet es mit seiner bitter-ironischen Formulierung vom »ewigen Privatdozenten« an – mit dem Stereotyp des »ewigen«, zum unaufhörlichen Durchwandern der Welt verurteilten Juden. Juden waren, so das ubiquitäre Stereotyp, heimatlos und nirgends verwurzelt. Sie konnten keine Ansprüche stellen. Was auch immer sie zu ihrer »Assimilierung« an das jeweilige Land unternahmen, wie lange sie auch immer es bewohnten – es genügte nicht. Warburg, dessen Temperament schon seit Kindesbeinen eine düstere Komponente besaß, hat darüber eine Psychose entwickelt. Aber auch Panofsky litt, wie er mehrfach in Briefen an Freunde thematisierte, unter monatelangen depressiven Verstimmungen. Verband sich mit der intensiven Beschäftigung mit der »Melancholie« auch ein identifikatorisches Moment, eine Auseinandersetzung mit der tragischen Aussichtslosigkeit der eigenen Situation? Schließlich bedeutete die Beschäftigung mit der Melancholie als Temperament der unter dem Planeten Saturn geborenen gleichzeitig auch, über jenen Gestirnsfatalismus, jenen Aberglauben nachzudenken, den Warburg ein Leben lang wirksam sah – und dessen Überwindung durch die Ideale des Humanismus, durch das Bekenntnis zu Menschenwürde und Entscheidungsfreiheit er in allen Winkeln der Bildgeschichte nachspürte.

Panofsky also tauchte ein in diese warburgische Welt, die ihn unweigerlich mit der eigenen Identitätsproblematik konfrontierte. Weiterverfolgen und zu einer eigenen Publikation ausbauen wird er das in der Melancholie-Schrift angesprochene Thema »Herkules am Scheidewege« – jene mythologische Figur also, die sich erstmals frei entscheiden kann: für den Pfad der Tugend oder den des Lasters. Andererseits blieb er, sicher auch aus karrierestrategischen Gründen, erkennbar

34

23. Mai 3.

Hochverehrter Herr Geheimrat!

Mit gleicher Post sende ich Ihnen von den Photographien, die Sie mir freundlicherweise geliehen haben, die folgenden Stücke, die ich nicht brauche, zurück:

1) Euphrat vom Hildesheimer Taufbecken
2) Freiberger Goldene Pforte (Tympanon.
3) Augsburg, Domtüren
4) Gernrode, Figur vom Heiligen Grab.
5) Halberstadt, Chorschranken, Fries.
6) Hamelsleben, Chorschranke
7) Naumburg, Hermann und Reglindis.
8) Reims, Kariatüde.
9) desgl.
10) Basel, Galluspforte
11) Halberstadt, Apostel Simon.

An Kurt Wolff gehen also folgende Photographien, über deren Empfang ich hiermit meinerseits quittiere:

1) Basel, Galluspforte
2) Bamberg, Verkündigung
3) Hildesheim, Taufbecken
4) Hildesheim, Bernwardstür
5) desgl., Detail
6) Hildesheim, Bernwardskreuz
7) Hildesheim, Bernwardssäule
8) Naumburg, Johannes
9) Freiberg, Goldene Pforte. Detail.
10) desgl.
11) Reims, Kariatüde der Westfassade
12) Reims, König vom Nordtransept
13) Amiens, Madonna
14) Halberstadt, Byzantinische Silberschale, Nachbildung.

Fotobestellung für das neue Buchprojekt
»Deutsche Plastik des 11. bis 13. Jahrhunderts im Mittelalter«

bemüht, sein wissenschaftliches Profil nicht zu sehr einzuengen. Als Gegengewicht zur Renaissance-Forschung arbeitete er immer wieder zum deutschen Mittelalter; als Gegengewicht zu den ikonographisch-ikonologischen Untersuchungen beteiligte er sich an der Klärung von Sachfragen, etwa in seinem Aufsatz über Michelangelos Treppe der Biblioteca Laurenziana. Und als Gegengewicht zum Anschluss an Warburg pflegte er das – von seiner Seite – innige Verhältnis zu seinem ersten akademischen Lehrer Wilhelm Vöge: Nichtjude übrigens und Vertreter einer so eklektischen Methode, wie Panofsky sie immer wieder für sich selbst beanspruchte.

Panofsky neues Buchprojekt behandelte die »Deutsche Plastik des 11. bis 13. Jahrhunderts im Mittelalter«. Zwar auch für Laien gedacht, diente es doch gleichermaßen dazu, Panofskys Stellung in der Riege prominenter Skulpturenkenner weiter zu befestigen. Die öffentliche Vorlesung des Wintersemesters galt »Ausgewählten Beispielen der Sepulkralplastik«. Daneben setzte er, in Hörsaal C, die Vorlesung über die italienische Renaissance fort, und auch Saxl las, ebenfalls in C, über Italien – aber über die »Italienische Kunst des Mittelalters«. Für die Teilnehmer seiner Übungen setzte Panofsky immer höhere Hürden: »Teilnehmerzahl auf 15 beschränkt; Kenntnis des Lateinischen und des Italienischen erforderlich.«[3]

1924
Endlich wieder in Europa!

Der Jahresbeginn stand im Zeichen des Mittelalter-Buches – jedoch: »Von meinem Plastikbuch«, berichtete Panofsky im Januar an Vöge,

> verspreche ich mir nicht viel Gutes. Es wird eines jener Bilderbücher, die jetzt so Mode geworden sind, weil die Verleger Geschäfte machen wollen und die Kunsthistoriker Geld brauchen, und das Mittelalter ist nicht einmal mein eigentliches Gebiet. Wenn es fertig ist, werde ich es Ihnen schicken [...], aber ich werde es nicht ohne eine gewisse Beschämung tun.[1]

Er habe nur versucht, die Literatur zusammenzustellen und auf Einzelprobleme – so viel denn doch – wenigstens hinzuweisen. Das opulent aufgemachte zweibändige Werk erschien als Kombination aus Text- und einem Tafelband mit exzellenten Abbildungen. Der Einband aus dunklem Leder, der Titel aus goldenen Lettern in Frakturschrift, das Papier ungewöhnlich dick – ästhetisch mutet Panofskys »Deutsche Plastik des 11. bis 13. Jahrhunderts« seltsam »völkisch« an. In Wirklichkeit aber enthielt das Werk eine Kampfansage, die sich gegen eben jene Tendenzen richtete, die Kunst aus nationalen Bedingungen erklären wollten, konkret gegen Wilhelm Pinder, damals Ordinarius in Leipzig. Pinder hatte im gleichen Jahr und in der gleichen Reihe einen Band über »Die deutsche Plastik des 15. Jahrhunderts« veröffentlicht; ein Jahr später sollte ihm ein weiterer zur Plastik des 14. Jahrhunderts folgen. In den Vorworten beider Bücher zeigt sich eine so fundamental unterschiedliche Auffassung von Kunst und ihrer Bestimmung, dass es sich lohnt, an dieser Stelle einen genaueren Blick darauf zu werfen. Für Pinder ist das Warum und Woher der Formen biologisch determiniert, es verdankt sich der »Einheit des Blutes«.[2] »Die wirkliche Natur, aus der die Formen werden, ist nicht die um uns, sondern die in uns; das Blut – nicht die Erscheinungswelt.« Pinders Vokabular zielt mit Schlüsselbegriffen wie »wurzeln«, »keimen«, »Instinkt des Blutes«, »Stammesgeschichte« bereits deutlich auf ein völkisches, ja rassisches Erklärungsmodell ab. Es schließt notwendig diejenigen aus, deren ethnisches Herkommen sich nicht auf die Germanen zurückführen lässt: zum Beispiel Juden. Zum Beispiel Panofsky.

Dieser fragt in seinem eigenen Vorwort zunächst nach dem Wesentlichen eines Stils, einer Kunstlandschaft. Auch er beobachtet in der Kunst zwar regionale Spezifika, operiert – in teilweise halsbrecherischer Balance – mit der Antithese »Mittelmeerkultur – nordwesteuropäisches Kunstwollen«.

> [...] so haben wir doch vielleicht ein Recht, die innere ›Polarität‹, die Neigung zum Extrem schlechthin, als etwas der germanischen Formphantasie wenn nicht allein, so doch vorzüglich Eigentümliches zu betrachten.[3]

Aber woraus erklären sich diese Besonderheiten? Panofsky ist davon überzeugt, dass die »deutsche« Kunst des Mittelalters aus einem beständigen Auseinandersetzungsprozess mit der Antike, mit der byzantinischen Kunst, mit geistigen Strömungen ihrer Zeit entstand. Seine Argumentationskette enthält, ganz in Warburgs Sinne, Fragen der zeitgenössischen Philosophie genauso wie etwa solche der Raumvorstellung:

> Wie der perspektivisch konstruierte Raum, wenn anders das Kunstwerk nicht zum leblosen Skelett erstarren soll, mit einem Mindestmaß von Licht und Luft erfüllt erscheinen muß, so kann sich umgekehrt, wenn anders das Kunstwerk nicht als amorphe Wirrnis sich darstellen soll, die Veranschaulichung der luminaren und atmosphärischen Erscheinungen nicht ohne ein Mindestmaß geometrischer Klarheit verwirklichen; ist jener ein leeres Gefäß, so sind diese ein formloser Inhalt; und in der Tat hat die moderne Kunst nur durch die gemeinsame Arbeit von Norden und Süden entstehen können (so zwar, daß im XIII. Jahrhundert die französische Plastik und im XV. die niederländische Malerei als der wesentlich gebende Teil erscheint, während das XIV. durch eine beständige Wechselwirkung zwischen Italien und dem Norden gekennzeichnet wird).[4]

Hier Verwurzelung, da Kommunikation: Pinders biologistischen »Blut«- und Stammesargumenten setzte Panofsky nicht nur das schöne Wort »Pindergarten«, sondern auch hier die Überzeugung entgegen, dass die Kunst auch des europäischen Nordens letztlich als ein der klassischen Antike entwachsenes Erzeugnis gesehen werden muss.[5]

Für Mitte Februar bis Mitte März war Panofsky vom »Comité voor Intellectueel Centraleuropa« nach Holland eingeladen worden – einer Hilfsorganisation, die sich an Not leidende europäische Wissenschaftler richtete. Deutschland befand sich mitten in der schlimmsten Inflationsphase.[6] Einem längeren Aufenthalt in Amsterdam folgte ein kürzerer in England, wo endlich Michelangelos Zeichnungen in Schloss Windsor studiert werden konnten. Wie immer begeistert vom Tête-à-Tête mit den so lange vermissten Originalen, schwelgte Panofsky in Kunst – begeisterte sich für Brouwer, Terborch und Seghers, für Cranach, van Leyden und Chardin. Privatsammlungen, Kunsthändler, sonst verschlossene Bereiche des Rijksmuseums – alles öffnete ihm die Türen. Doch auch das von Mutter und Schwiegereltern aufoktroyierte Familien-Besuchsprogramm wollte abgearbeitet werden: Eine der Tanten Doras hatte nach Amsterdam geheiratet und dort eine Familie gegründet, andere weitläufige Verwandte waren zu berücksichtigen. Die gute holländische Butter schien ihm bestens zu bekommen, denn durch sein inzwischen blühendes Aussehen lasse er die ganze »deutsche Not« in einem fragwürdigen Licht erscheinen, schrieb er Dora aus Amsterdam. »Auch Mevrouw Lasch findet mich schon zu dick. Na, was Holland an meiner männlich-schlanken Erscheinung gesündigt hat, wird England und die Überfahrt schon wiedergutmachen.«[7]

Zu Hause wurden die Probleme nicht weniger. Denn, so berichtete Fritz Saxl, der von ihm betreute Doktorand Ludwig Münz war mit seiner Arbeit über Rembrandts Einfluss auf das 18. Jahrhundert am (knappen) Einspruch der Philosophischen Fakultät gescheitert. Der aus Wien stammende Münz hatte dort bei Max Dvořák studiert und war nach dessen Tod, offenbar auf Anregung von Fritz Saxl, nach Hamburg gekommen, um hier seine Promotion abzuschließen. Dass eine solche Konstruktion sich unter den Bedingungen der Realität als nicht belastbar erweist, wäre kein Einzelfall – bemerkenswert aber sind hier die Begleitumstände dieser inneruniversitären Kontroverse. Denn Max Sauerlandt, der Direktor des Museums für Kunst und Gewerbe, hatte, ein äußerst unübliches Verfahren, sein ursprünglich positives Gutachten revidiert und damit die Entscheidung gegen Münz herbeigeführt. »Cassirer«, schrieb Saxl,

> hat mir die Sache so dargestellt, daß es eine reine Parteiangelegenheit wäre: Jude oder Nichtjude. Im Augenblick, wo er und Salomon sich für die Sache einsetzten, entstehe automatisch die Gegenfront.[8]

Die Fakultät sei gespalten. »Nun«, antwortete der illusionslose Panofsky, »ich hatte es nicht anders erwartet, aber auch die vorhergesehenen Prügel tun weh, wenn sie dann wirklich kommen.«[9]

Im Ausland konnte man diese Probleme für eine Weile vergessen. »Es war«, so resümierte Panofsky auf der Rückreise von Bord eines Dampfers, der ihn umsonst mit nach Hause nahm,

> natürlich etwas Wunderbares, fast Unbegreifliches, nach einem Jahrzehnt (es ist wirklich schon ein Jahrzehnt nach Kriegsbeginn!) fast völligen Eingesperrtseins wieder in ›Europa‹ zu sein, und gerade für mich, der ich noch so wenig wirklich gesehen habe und immer in Gefahr bin, <u>über</u> dem Gelesenen und allenfalls Gedachten das Gesehene zu vergessen, war diese Reise sicher von ganz besonderem Wert.[10]

Nach diesem positiven Erlebnis gab es Mitte des Jahres wieder einen Rückschlag, auch was die Gemütsverfassung betraf. Denn Panofskys Mutter hatte einen Schlaganfall erlitten und war bettlägerig. Und er selbst zweifelte einmal mehr am Sinn und Wert seiner Arbeit. Doch das Semester schritt voran: Panofsky beschäftigte sich mit der Malerei des italienischen Quattrocento und – eine Erkenntnisgewinn bringende Parallele – derjenigen des deutschen 15. Jahrhunderts. Saxl schien Gefallen an seiner Tätigkeit als Hochschullehrer gefunden zu haben; er setzte die Veranstaltung über »Italienische Kunst im Hohen Mittelalter« fort. Und am 21. Juni erschien im »Hamburger Fremdenblatt« anlässlich des sechzigsten Geburtstags des bewunderten Antipoden Heinrich Wölfflin eine Glückwunsch-Adresse, die auf einem bewundernswert schmalen Grat kritische Auseinandersetzung mit respektvoller Würdigung vereinte.[11]

Zum Ausgleich winkte im Herbst eine Italienreise, die Panofskys Verleger finanzierte. Sie wurde gemeinsam mit Dora unternommen – mit Dora, die an allem lebhaft Anteil nahm: an den wissenschaftlichen Arbeiten ihres Mannes, am Seminarbetrieb, am Leben der Studenten.

Im Mittelpunkt ihrer Interessen stand die Kunstgeschichte, stand die Profession, die sie – zu ihrem Leidwesen – nicht selbst ausüben konnte. In jenen Jahren verwandelte sie sich konsequent in eine maskulin auftretende Erscheinung, deren Ausstattung mit Krawatte, radikaler Kurzhaarfrisur und Schiebermütze die Stilmerkmale der zeitgenössischen Mode bis zum Extrem ausreizte; sie sollte diesen Stil ein Leben lang beibehalten. Erst in der zweiten Hälfte ihres Lebens, im amerikanischen Exil, ist es ihr gelungen, mit eigenen Publikationen an die Öffentlichkeit zu treten.

1925
Es gibt jetzt eine »Hamburger Schule«

Die Italienreise hatte sich als Vorlesung über »Raffael, Michelangelo, Correggio« im Lehrprogramm des Wintersemesters niedergeschlagen; ergänzt wurde sie, wieder einmal, durch den Dauerbrenner »Altniederländische Malerei«. In den Semesterferien Anfang März besuchte Panofsky erneut Vöge im Harz – und berichtete Saxl schockiert über dessen labilen psychischen Zustand. Vöge wollte sich in Hamburg in ärztliche Behandlung begeben, möglicherweise bei Dr. Embden, dem Hausarzt Aby Warburgs. Wie sehr sich Panofsky seinem einstigen Professor verbunden fühlte, zeigt der Umstand, dass er ohne weiteres bereit war, den Rest seines Vermögens von 15000-20000 Mark für das Arzthonorar beizusteuern.[1] Dazu sollte es nicht kommen; Vöge blieb aber für längere Zeit ein Problemfall, dem Panofskys ganze Aufmerksamkeit und Sorge galt.

Dann aber erfüllte sich ein anderer, langgehegter Wunsch: eine Studienreise nach Frankreich nämlich, deren Durchführung auch sieben Jahre nach Beendigung des Ersten Weltkrieges ein heikles Unterfangen war. Die nordfranzösischen Kathedralen Reims und Amiens durften, da im ehemaligen Kriegsgebiet situiert, nur mit besonderer Erlaubnis besucht werden. Mitte März fuhr er los – diesmal ohne das »liebe gute Dörlein«, das brieflich dicke Küsse und Treueschwüre nach Hamburg gesendet bekam. Morgens wurde der Louvre studiert, nachmittags in der Bibliothèque Doucet – einer exquisiten kunsthistorischen Privatbibliothek – gearbeitet. Immerhin, abends blieb Zeit für Theater oder Kabarett – teils in Begleitung von Warburgs Schüler Percy Ernst Schramm, der Historiker geworden und damals als Privatdozent in Heidelberg tätig war. Ostern verbrachte Panofsky in Chartres – ein überwältigendes, beglückendes Erlebnis. Wenn man die Kathedrale nicht kenne, so schrieb er Dora nach Hause, solle man eigentlich überhaupt nicht von Plastik und Architektur reden.[2]

> Die Gotik ist hier noch ganz frisch mit einem leichten Hauch von Schüchternheit in der Handhabung des neuen, wunderbaren Systems, das ohne stützende Emporen, nur mit Hilfe der Strebebögen

arbeitet […] und umso majestätischer in der Wucht der Erscheinung wirkend, mit allen Schauern des ersten Versuchs und aller Wonne des ersten Gelingens.[3]

Die Ergebnisse der Reise mündeten in die Sommersemester-Vorlesung über »Französische Gotik«. Saxl dagegen las über »Rembrandt und seine Vorläufer« und bot, erstmals zusammen mit Aby Warburg, »Übungen über die künstlerische Kultur der Florentinischen Frührenaissance« an: vierzehntägig, und noch immer im Privathaus, Heilwigstraße 114.

Wieder zu Hause, setzte Panofsky die bereits im Jahr zuvor begonnene, genüsslich ausgetragene Kontroverse mit Hermann Beenken fort. Dieser, ein Kaufmannssohn aus Bremen und um vier Jahre jünger als Panofsky, hatte sich in einer Art akademischem Senkrechtstart 1922 in Leipzig habilitiert und wirkte dort als Privatdozent. Ende 1933 wird er, das sei hier zum Verständnis der beiden Positionen bereits vorweggenommen, das »Bekenntnis der Professoren an den deutschen Universitäten und Hochschulen zu Adolf Hitler und zum nationalsozialistischen Staat« unterschreiben und 1941 der Nationalsozialistischen Deutschen Arbeiterpartei beitreten. 1924 war gleichzeitig mit Panofskys im Kurt Wolff Verlag publizierten Buch über die »Deutsche Plastik des 11. bis 13. Jahrhunderts« Beenkens Werk über »Die romanische Skulptur in Deutschland (11. und 12. Jahrhundert)« erschienen. Panofsky war zur Rezension von Beenkens Buch aufgefordert worden, und umgekehrt Beenken zur Besprechung von Panofsky. Seine Reaktion auf den Text des Kontrahenten beginnt mit den schönen Sätzen:

> Ihre Auseinandersetzung mit meiner Wolff-Publikation habe ich mit großem Interesse und lebhafter Freude gelesen. Sie werden es mir ohne weiteres glauben, wenn ich Ihnen sage, daß eine ernsthafte und weiterführende Diskussion mir wesentlich lieber ist, als es ein uneingeschränktes, aber unfruchtbares Lob gewesen wäre […]: Nur möchte ich deswegen, ohne eigensinnig zu sein, noch nicht gleich meine methodologische Diskussion aufgeben.

Auch in dieser uns heute vielleicht etwas verbissen erscheinenden Auseinandersetzung ging es, das ist aus heutiger Perspektive klar zu erkennen, nicht nur um Sach- und Grundfragen der Kunstgeschichte, sondern um ideologische Positionsbestimmung. Wie so viele geriet auch der einstige Kommilitone Hans Kauffmann in Panofskys Schusslinie: Hatte er doch 1924 ein Buch über »Albrecht Dürers Rhythmische Kunst« veröffentlicht. Panofskys Rezension umfasste mehr als fünfzig Seiten. Das Werk sei »sehr originell, aber etwas verrannt und in sehr vielen Einzelheiten anfechtbar«.[4]

Obwohl noch immer ohne formelle Bestallung, hatte sich Panofsky in der kunsthistorischen Szene eine weithin respektierte Stellung erobert. Dies bezeugt auch ein Brief des Königsberger Archäologen Bernhard Schweitzer, der Panofsky aus gemeinsamen Berliner Studientagen kannte und nun, im September 1925, fragte, ob dieser sich nicht auf die in Königsberg frei werdende Professur für Kunstgeschichte bewerben wolle. Aber wolle er überhaupt, so Schweitzer weiter, auf die enge Verbindung mit dem Warburg'schen Kreis verzichten?[5] Die Bemerkung zeigt, dass Panofsky zu diesem Zeitpunkt schon fast als integrales Mitglied der K.B.W. galt – und dass die Bibliothek als fester Bestandteil seines wissenschaftlichen Daseins betrachtet wurde.

Panofsky blieb in Hamburg, wo er inzwischen bestens installiert war. Die Entfernung nach Berlin zur Familie war leicht überbrückbar. Dora tippte täglich fünf Stunden seine Texte. Die Söhne entwickelten sich prächtig – ihre Eltern nannten sie »die Klempner«, weil beide seit frühester Jugend ein konsequentes Nicht-Interesse an allen geistigen Beschäftigungen, überhaupt an Kunstgeschichte, an den Tag gelegt hatten; stattdessen unternahmen sie permanent quasinaturwissenschaftliche und technische Experimente. Eines Tages bauten sie einen Automaten, mit dem sie zu hohen Preisen Süßigkeiten an Panofskys Schüler verkaufen konnten. Und sie lernten Schach – sein Vater habe aufgehört, mit ihm zu spielen, seit er selbst ihn regelmäßig besiegt habe, erzählte Wolfgang später.

Ins Stocken geraten dagegen war das große Michelangelo-Buch. Er sei, so gestand es der überbeschäftigte Hilfsarbeiter-Privatdozent dem Direktor der Biblioteca Hertziana in Rom, »in letzter Zeit zu sehr vom Wege abgekommen«.[6] Ende des Jahres beriet man erneut über die Besetzung der Hamburger Professur für Kunstgeschichte. Adolph Goldschmidt, Rudolf Kautzsch, Georg Graf Vitzthum und Karl Koetschau wurden um Meinungsäußerungen gebeten. Auch der inzwischen nach

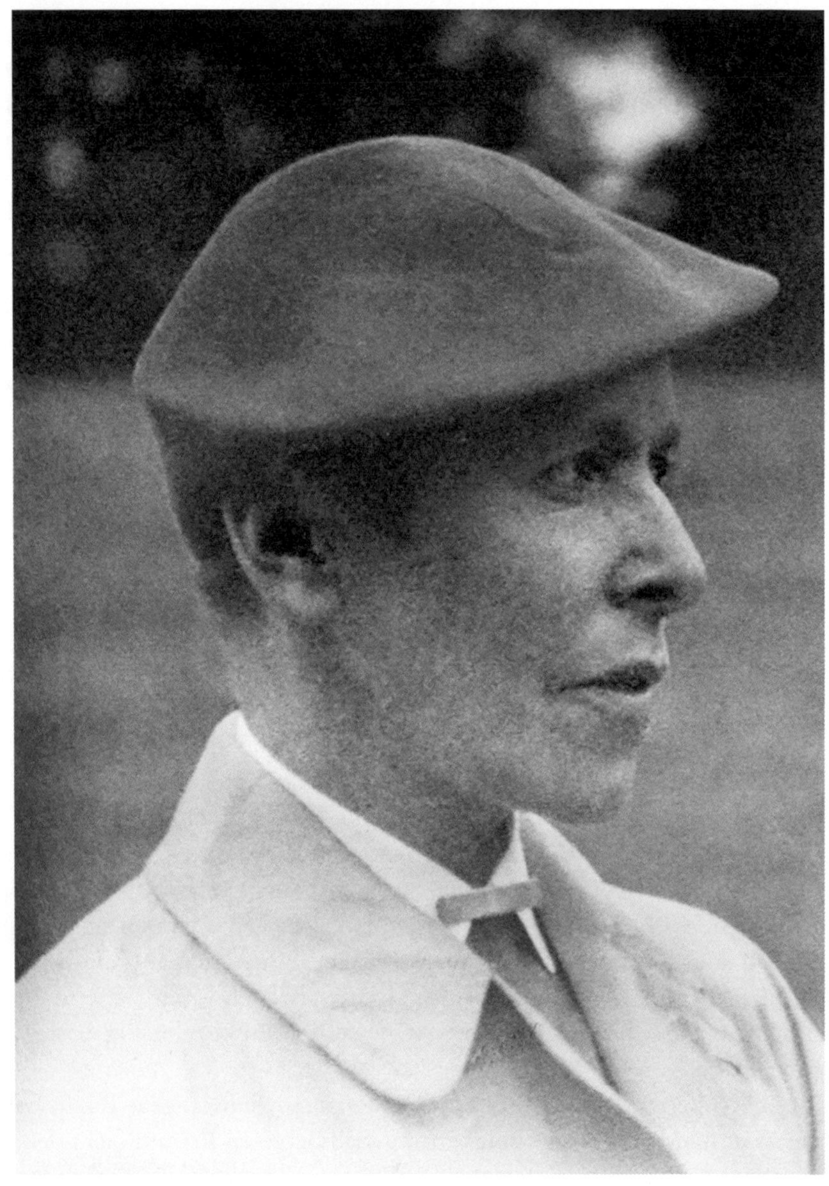

Dora Panofsky in den zwanziger Jahren

Hamburg zurückgekehrte Warburg war in den Ausschuss für die Besetzung dieser Professur gebeten worden, und wie alle befürwortete er uneingeschränkt Panofsky. Das Fakultätsgutachten formulierte ausdrücklich die besonderen Bedingungen der Situation in Hamburg. Hier sei schon seit Jahrzehnten eine bestimmte Richtung eingeschlagen, die die Verbindung von Bildquellen und Schriftquellen untersuche und dementsprechend Kunstwerke sowohl aus ihrer formalen Gestaltung als auch aus ihrem Bedeutungsgehalt zu erklären suche. Mit dieser wissenschaftlichen Einstellung stünde Hamburg zurzeit in der vordersten Reihe.[7] Damit hatte die »Hamburger Schule« nicht nur ihre erste öffentliche Benennung, sondern auch eine offizielle Würdigung erfahren. Und die Hamburger Universität erhielt einen Ordinarius für Kunstgeschichte, der ausdrücklich als Vertreter einer neuen, innovativen Methode gewürdigt wurde. Seine Bestallung bedeutete auch für Aby Warburg eine deutliche Anerkennung.

1926
Angekommen: Professor Ervinus Panovius

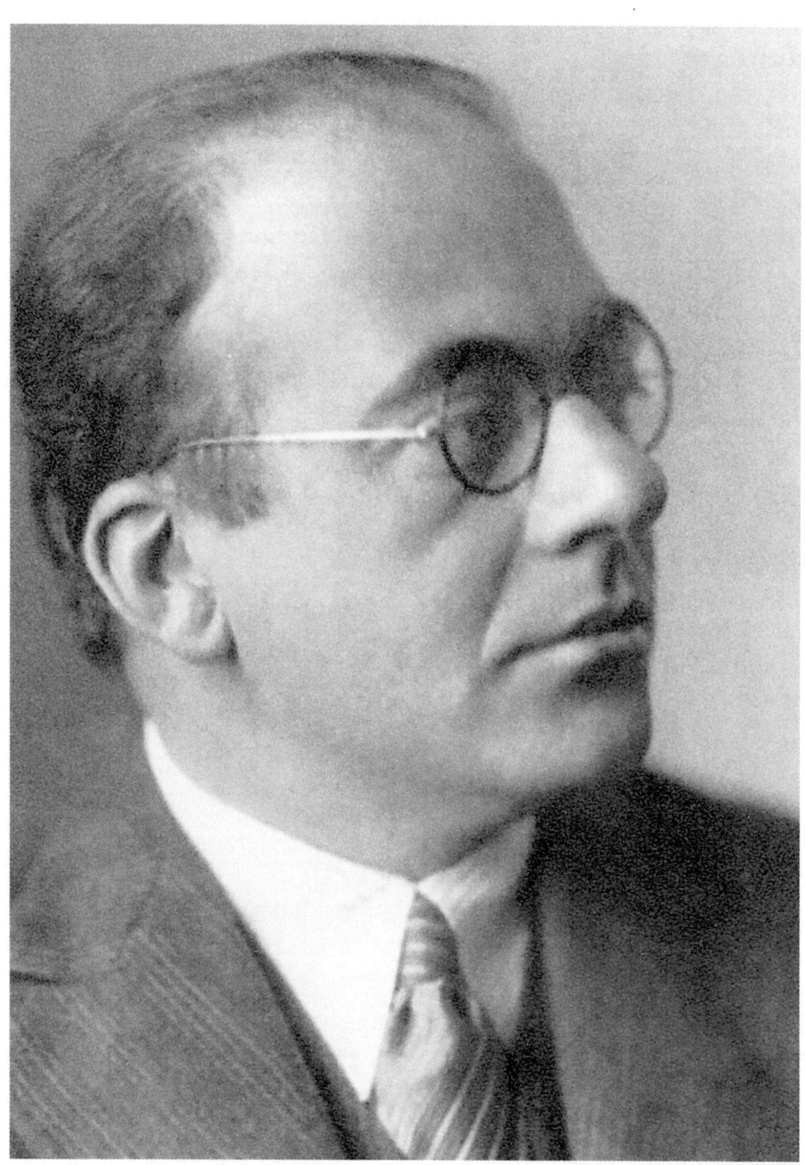

Erwin Panofsky in den zwanziger Jahren

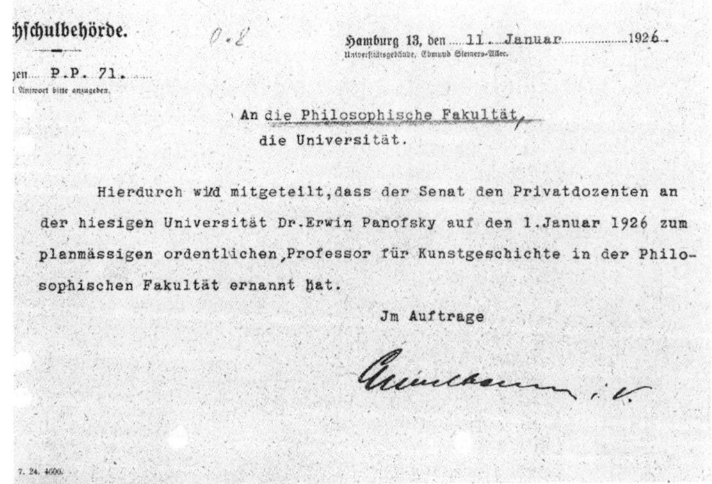

hschulbehörde.

Hamburg 13, den 11. Januar 1926.
Universitätsgebäude, Edmund Siemers-Allee.

jen P.P. 71.
Antwort bitte anzugeben.

An die Philosophische Fakultät,
die Universität.

Hierdurch wird mitgeteilt, dass der Senat den Privatdozenten an der hiesigen Universität Dr. Erwin Panofsky auf den 1. Januar 1926 zum planmässigen ordentlichen Professor für Kunstgeschichte in der Philosophischen Fakultät ernannt hat.

Jm Auftrage

7. 24. 4000.

Ernennungsschreiben vom 11. Januar 1926

Panofskys Ernennung erfolgte zum 1. Januar 1926. Die Studierenden gratulierten auf Latein – und ihr Professor »Ervinus Panovius« antwortete ihnen ebenso. Als habe sie den langersehnten Freudentag noch abwarten wollen, schloss Mutter »Molch« am 31. Januar 1926 für immer ihre Augen. »Sie war gewiss«, so schrieb Panofsky an Kurt Badt,

> eine einfache Natur, aber fähig zur Aufopferung und nicht imstande, einem andern Menschen mit Bewusstsein weh zu tun […] und ich fürchte, dass das Erlöschen dieses zuletzt gewiss nicht mehr beneidenswerten Daseins in unser Leben – in meines bestimmt – doch eine Lücke reißt, über deren Größe ich mir (leider) erst jetzt ganz klar werde.[1]

In den Frühjahrsferien ging es erneut, schauend und schreibend, nach Italien, nach Rom, Florenz, Volterra. Das Vorlesungsverzeichnis für das Sommersemester verzeichnete Panofskys Namen zum ersten Mal in der Rubrik »Ordentliche Professoren« – er wird es mit Genugtuung registriert haben. Das Semesterprogramm reflektierte auch diesmal die Reise. Die Vorlesung galt, mit einem etwas trockenen Titel,

C. Archäologie, Kunst und Kunstgeschichte

309 *Kulturwissenschaftliche Führung zum Buch: Prof. **Warburg.** 14tägig Mi 6—8 pss Bibliothek Warburg, Heilwigstr. 114. Nur für Studierende in beschränkter Anzahl, in erster Linie für Kunsthistoriker; vorherige persönliche Anmeldung erforderlich.

310 Geschichte der griechischen Plastik von der phidiasischen Zeit bis zum Hellenismus: Dr. **von Mercklin.** DiFr 7 **C**

311 *Archäologisches Seminar: Besprechung neuerer Forschungsergebnisse: Dr. **von Mercklin.** pss [] Voranmeldung erforderlich **MKGew**

312 Italienische Cinquecentisten: Prof. **Panofsky.** MoFr 6 **C**, Mi 5 **B**

313 *Kunstgeschichtliche Übungen: Prof. **Panofsky.** N. V. pss [10] Anmeldung bis 3. Mai erforderlich **KunsthS**

314 Die geistlichen und weltlichen Bilderzyklen des Mittelalters: Dr. **Saxl.** DiFr 4 **C**

*Lektüre älterer italienischer Texte für Studierende der Kunstgeschichte mit Lateinkenntnissen: Lektor Dr. **Meriggi,** s. Vorl. 430

315 Geschichte der Töpferkunst seit dem Schluß des Mittelalters: Prof. **Stettiner.** Fr 4—6 **MKGew**

316 *Übungen zur Geschichte des Kunstgewerbes an Originalen des Museums für Kunst und Gewerbe: Prof. **Sauerlandt.** Do 2 pss [20] **MKGew**

317 *Übungen zur Geschichte des Kunstgewerbes (Glas): Prof. **Stettiner.** Do 3 pss **MKGew**

318 Übungen zur Geschichte des Kunstgewerbes, für Fortgeschrittene: Prof. **Stettiner.** So 2½—4 pss [] Meldung beim Dozenten erforderlich **MKGew**

318a Harmonielehre I (mit Übungen): **Müller-Hartmann.** Mo 2½—4 **A**

318b Einführung in die musikalische Formenlehre: **Müller-Hartmann.** Do 2½—4 **A**

*Übungen zur Beurteilung musikalischer Linienführung: Dr. **Heinitz,** s. Vorl. 343

*Musikwissenschaftliches Praktikum: Dr. **Heinitz,** s. Vorl. 344.

*Musikalische Akustik: Dr. **Heinitz,** s. Vorl. 345

Der musikalische Stil von Bach bis auf die Gegenwart: Prof. **Anschütz,** s. Vorl. 257

Entwicklung der Kunst: Dr. **Werner,** s. Vorl. 260

*Arbeiten zur Psychologie und Ästhetik der Musik: Prof. **Anschütz,** s. Vorl. 261

D. Völkerkunde

319 Allgemeine Völkerkunde (Gesellschaft): Prof. **Thilenius.** DiDo 10 **MVölk**

320 *Völkerkundliche Übungen für Fortgeschrittene: Prof. **Thilenius.** Do 3—5 **MVölk**

321 Leitung wissenschaftlicher Arbeiten: Prof. **Thilenius.** Täglich pss **MVölk**

Ausschnitt aus dem Vorlesungsverzeichnis 1926 – Panofsky ist ordentlicher Professor

den »Italienischen Cinquecentisten«. Gemeint waren Künstler des 16. Jahrhunderts, waren Michelangelo, Sebastiano del Piombo und damit jene Künstler, mit denen sich Panofsky aktuell für seinen Beitrag über »Die Pietà von Ubeda« beschäftigte.

Panofsky also hatte weiter seine Karriere fest im Blick, und Hamburg war keineswegs als Endstation gedacht. 1926 war er neben Wilhelm Pinder für den vakant gewordenen Münchener Lehrstuhl im Gespräch: eine Ironie der Geschichte, wenn man sich die Gegensätzlichkeit beider Standpunkte vergegenwärtigt. Die Berufung erging an Pinder. Ein Brief des Wiener Ordinarius Julius von Schlosser an den damaligen Rektor der Ludwig-Maximilians-Universität Karl Vossler beleuchtet die Hintergründe: Panofsky galt zwar als Wunschkandidat, als »eine außerordentlich starke Begabung« – aber, da Jude, als »unmöglich«.[2] Nicht nur im akademischen Bereich, sondern auch in Panofskys unmittelbarer, physischer Umgebung traten schon damals antijüdische Ressentiments deutlich zutage: Im Mai 1926 baute man im Hamburger »Barkhof« an der Spitaler Straße das Denkmal Heinrich Heines ab. Grund waren nicht endende antisemitische Hetzkampagnen und Schmierereien, die dazu geführt hatten, dass man das Denkmal mit einem Bretterzaun sichern musste. 1927 wird Heine auf Initiative des damaligen Altonaer Oberbürgermeisters, Max Brauer, Asyl im »Donners Park« an der Elbchaussee Asyl erhalten und noch später vor den Nazis in einem Keller versteckt werden müssen.

An der Hamburger Universität verstärkten Cassirer und Panofsky die Warburg-Fraktion durch Ernennung Fritz Saxls zum Professor. Im Mai trat Aby Warburg, wohl schon in seiner neu erbauten Bibliothek, nach seiner Genesung mit einem Vortrag über die »Italienische Antike im Zeitalter Rembrandts« an die Öffentlichkeit; das Ehepaar Panofsky befand sich unter den Zuhörern. Dora, die nach einer Beschäftigung im Rahmen kunsthistorischer Forschung suchte, schlug Ende 1926 der K.B.W.-Mitarbeiterin Gertrud Bing vor, einen Generalindex zur Zeitschrift »Rivista d'Arte« zu erstellen, nach Sachthemen, Autoren, Künstlern, Orten.[3] Und Panofsky selbst machte jetzt auch außerhalb des universitären Rahmens von sich reden – mit einer im »Hamburger Fremdenblatt« ausgetragenen Kontroverse, die sich gegen den Dozenten für Kunstgeschichte an der Staatlichen Kunstgewerbeschule Wilhelm Niemeyer richtete. Anlass war eine Echtheitsfrage in Sachen Raffael.

1927
Wie Panofsky nach der idealen Methode der Kunstinterpretation sucht

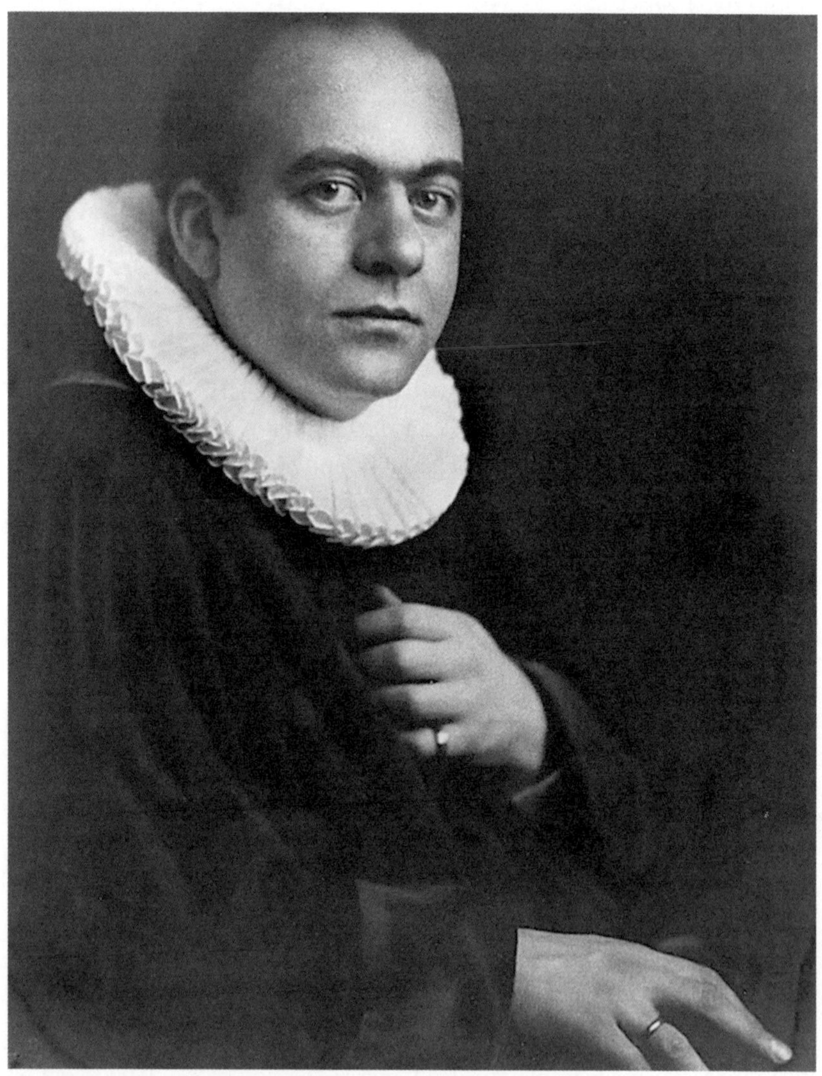

Erwin Panofsky im Talar der Hamburgischen Universität (um 1932)

Die Universität führte in jenem Jahr ihre Talare ein, die mit schwarzem Gewand und weißer Halskrause dem »Hamburger Ornat«, der offiziellen Amtstracht Hamburger Pastoren und Senatoren, entsprachen. Auch Panofsky musste sich so fotografieren lassen – kam er sich nicht etwas verkleidet vor? Ein Jude, der aussah wie ein evangelischer Pastor? Immerhin setzte er, wie um das »historische« Bild zu wahren, dafür die Brille ab. Am 21. Januar 1927 wurde in Hamburg ein Panofsky-Schüler, Edgar Breitenbach, mit sehr gutem Ergebnis promoviert; Thema seiner Arbeit war der »Heilsspiegel«, das »Speculum humanae Salvationis«, ein seit dem 14. Jahrhundert weitverbreitetes christliches Erbauungsbuch.

Panofsky hatte sich mit Warburg und Saxl darauf geeinigt, dass er in seinen Vorlesungen jene Gebiete behandelte, die nicht zum Forschungsschwerpunkt der K.B.W. gehörten. Er las über »Die spätgotische Plastik in Deutschland« und über »Madonnen«. Saxl lehrte über »Die Blütezeit der vlämischen Kunst«, Warburg bot in seiner Bibliothek eine Übung über das ungewöhnliche Thema »Forschertypen auf dem Gebiet der Renaissance« an. Für das Wintersemester bereitete der Ordinarius eine Vorlesung zur »französischen Kunst des 18. Jahrhunderts« vor – ein Gebiet, wie er Warburg schrieb, »von dem ich allerdings selber noch nichts verstehe«.[1] Die Studenten sollten jedenfalls die Möglichkeit haben, das Stoffgebiet in seiner ganzen Breite kennenzulernen. Übungsthemen dagegen ergaben sich jeweils, wie Panofsky Warburg ebenfalls mitteilte, aus den eigenen Forschungen des vorangehenden Zeitraums.

1927 entwickelte sich, was die Publikationen betrifft, zu einem reichen, fast möchte man sagen, überreichen Erntejahr. Seinen Schwerpunkt »Mittelalterliche Plastik« baute Panofsky aus mit einem Aufsatz über ein spezielles Problem der gotischen Kathedralskulptur. Er erschien unter dem Titel »Über die Reihenfolge der vier Meister von Reims« im Jahrbuch für Kunstwissenschaft.[2] Die gotische Kathedrale im französischen Reims war ein Thema, mit dem nicht nur Panofsky, sondern vor allem Wilhelm Vöge starke Emotionen verband: Dieser hatte selbst seit langem zu dem Thema gearbeitet und – ein prophetischer Akt – den anschließend schwer kriegszerstörten Bau vor dem Krieg noch gründlich fotografieren lassen; die Dokumente befinden sich heute im Wilhelm-Vöge-Archiv in Freiburg. Der Anblick »seiner«

von den Deutschen zerstörten, in Flammen stehenden Kathedrale soll der Anlass für Vöges Nervenzusammenbruch gewesen sein, aufgrund dessen er sein akademisches Lehramt aufgegeben hatte. Im Januar 1924 hatte Panofsky den verehrten Lehrer gebeten, doch einmal in der Warburg-Bibliothek einen Vortrag über dieses Hauptmonument französischer Kathedralgotik zu halten – weil man in Hamburg »wegen Materialmangels und mehr noch wegen fehlender Autopsie noch nie etwas über französische Gotik« habe hören können.[3] Vöge kam nicht. Panofsky aber erhielt im April 1925 die – als Folge des Ersten Weltkrieges noch immer notwendige – Erlaubnis, selbst nach Reims fahren zu dürfen; das Glück, die Kathedrale endlich selbst sehen zu dürfen, war groß. Aus dieser Situation heraus entstand schließlich der oben genannte Aufsatz über die Reimser Bildhauerschule, der Vöge natürlich nach Ballenstedt übersandt wurde – und den dieser zwar noch gar nicht recht studieren mochte, ihn aber dennoch mit mehr kritischen als lobenden Worten bedachte, in aller Freundschaft, natürlich:

> Die Ausknobelung der Reihenfolge der Meister halte ich zwar besten Falls für eine Seminarangelegenheit. Klarheit wird hier niemals geschaffen werden; besonders aber werden keine festen Daten gewonnen werden [...]. So wird man sich denn niemals einigen. Aber es ist trotzdem interessant genug, wenn ein so guter Kopf wie Sie solch ein Material einmal durcharbeitet, bzw. durchleuchtet. In meinem Buche wird darüber so gut wie nichts stehen.[4]

Da hatte sich der Autor sicher mehr erwartet.

Zu den weiteren Ergebnissen der in den Jahren zuvor unternommenen Reisen, auf denen Panofsky sowohl im Louvre als auch in Florenz und Rom so viele Michelangelo-Werke wie möglich studiert hatte, zählt auch der Beitrag über »Die Pietà von Ubeda« für die Festschrift des Wiener Ordinarius Julius von Schlosser. Er befasst sich mit einer Gruppe von Zeichnungen des Michelangelo-Umkreises und ihrer Beziehung zu einem im andalusischen Ubeda befindlichen Altarbild, das vom italienischen Künstler Sebastiano del Piombo gemalt worden war. Anhand der Zeichnungen versucht Panofsky hier, den »wahren Sebastiano« von dem »wahren Michelangelo« zu scheiden.[5] Sein Text besteht zunächst aus einem klassischen, kennerschaftliche Scharfäugigkeit demonstrierenden formanalytischen Teil, in dem es um Darstellungsmodi wie »das unvermittelte Gegeneinanderführen belichteter und beschatteter Flächen« und die »Einschaltung von überleitenden Mitteltönen« geht. Doch um den wirklichen Sachverhalt zu klären, genügt die Stilkritik allein nicht. Man muss sich, wie Panofsky hier vorführt, noch in anderen Jagdgründen tummeln, etwa denen der zeitgenössischen Schriftquellen – was wiederum als klares methodisches Bekenntnis zu Warburgs kulturgeschichtlicher Methode zu lesen ist.

Ein weiterer 1927 publizierter Aufsatz wurde dann so berühmt, dass er noch heute zu den kanonischen Schriften der Kunstgeschichte zählt: »›Imago Pietatis‹. Ein Beitrag zur Typengeschichte des ›Schmerzensmanns‹ und der ›Maria Mediatrix‹« [also der Vorstellung von Maria als »Miterlöserin«, KM].[6] Auch Pinder hatte sich übrigens zu dem Thema bereits geäußert, in einem 1922 publizierten Bändchen, das in Hans Tietzes Reihe »Bibliothek der Kunstgeschichte« erschienen war, in der Panofsky einen Beitrag zur Sixtinischen Decke und einen weiteren zu Michelangelos Handzeichnungen veröffentlicht hatte. In »Imago Pietatis« unternimmt er diesmal keine Tiefenbohrung, sondern eine weiträumige Systematisierungsaktion, die dem christlichen »Andachtsbild« gewidmet ist. Sein faszinierender Überflug reflektiert mit seinen Bildstationen von Poussin im Louvre bis zum Hausaltar in einer Amsterdamer Privatsammlung Panofskys eigene Reiseroute; insgesamt aber verbindet Panofsky mit diesem Aufsatz den Ehrgeiz zur Etablierung einer eigenen Methode, die Warburgs Ansatz zwar inkorporiert, aber um entscheidende Positionen erweitert:

> Der hier vorgelegte Versuch stellt einen Beitrag zu einer »Typenlehre« dar; d.h. er ist aus einer Betrachtungsweise hervorgegangen, die – der Archäologie seit langem geläufig, von der neueren Kunstgeschichte aber ein wenig vernachlässigt – weder eine rein formanalytische, noch eine rein ikonographische ist, vielmehr die Geschichte solcher Gestalten zu erfassen sucht, in denen sich ein bestimmter Inhalt mit einer bestimmten Form zu einer anschaulichen Einheit verbunden hat.

Schließlich erschien in den Vorträgen der K.B.W. ein dritter umfangreicher Beitrag: wieder ein anderes Sujet, wieder ein Beitrag zur geis-

VORTRÄGE DER BIBLIOTHEK WARBURG
HERAUSGEGEBEN VON FRITZ SAXL
VORTRÄGE 1924–1925

B. G. TEUBNER · LEIPZIG · BERLIN · 1927

Panofsky: Die Perspektive als symbolische Form, 1927

teswissenschaftlichen Grundlagenforschung, wieder mit anhaltender Wirkung: »Die Perspektive als symbolische Form«. Ernst Cassirer hatte mit seinen Arbeiten zum Wesen des Symbolbegriffs den Weg gebahnt. Sprache und Religion, Kunst und Mythos, Raumbewusstsein und Erkenntnis galten ihm als »selbständige Organe des Weltverständnisses«. Hauptthese des umfangreichen, heute noch immer kontrovers diskutierten Aufsatzes ist die Vorstellung, dass man aus dem Raumbegriff einer Epoche auch deren Weltanschauung erschließen könne.

Soviel zur Forschung. Doch auch Panofskys Lehrtätigkeit trug in jenen Jahren reiche Früchte. Edgar Breitenbach promovierte, wie schon erwähnt, über den Heilsspiegel, Bella Martens über Meister Francke: In Hamburg formierte sich in jenen Jahren eine engverzahnte Gruppe,

INHALT

in der Studenten und akademische Lehrer Seite an Seite, Kopf an Kopf an gemeinsamen Themenkomplexen, vor allem aber an einem gemeinsamen Projekt arbeiteten. Wie intensiv das geschah, hat Panofskys Schüler Hugo Buchthal – später berühmter Byzantinist – beschrieben:

> Außerdem veranstaltete Panofsky wöchentliche Zusammenkünfte seiner Schüler abends in seiner Wohnung: je ein Doktorand sprach über sein Dissertationsthema mit anschließender Diskussion. Diese Abende zogen sich oft bis weit in die Nacht hinein, und die Diskussionen konnten sehr lebhaft werden.[7]

Zum Abschluss des Sommersemesters unternahm Panofsky mit den Studenten im Juli eine Exkursion nach Lübeck. Hier amtierte der

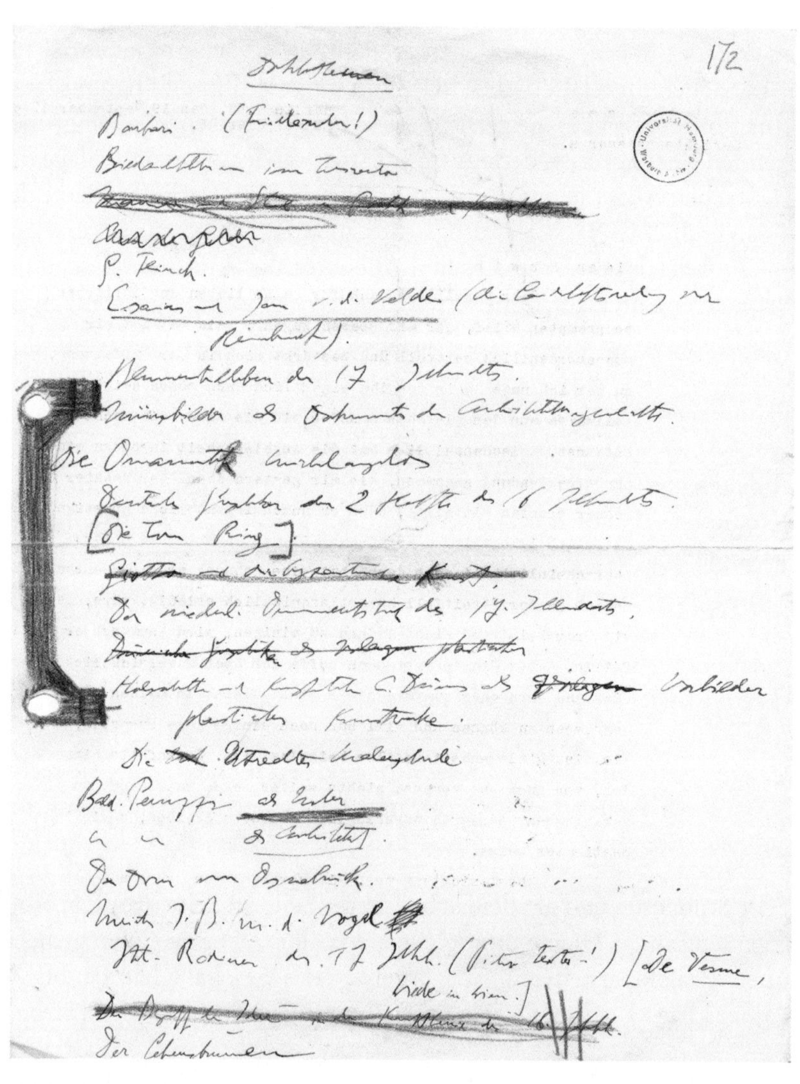

Liste mit »Doktorthemen«

Warburg-Schüler Carl Georg Heise als Direktor des St. Annen-Museums. Ein Jahr zuvor hatte Heise begonnen, die nicht mehr genutzte Katharinenkirche zu einer Skulpturenhalle Lübecker Kunst im Ostseeraum zu entwickeln und dafür eine Sammlung von Gipsabgüssen bedeutender Werke anzulegen: exzellentes Anschauungsmaterial für die in Sachen mittelalterlicher Plastik nicht verwöhnten Hamburger.

Ihr fünfunddreißigjähriger Professor hatte inzwischen einen grundlegenden Text verfasst, der am 17. Juli 1927 in der Sonntagsbeilage der »Deutschen Allgemeinen Zeitung« erschien:[8] Sein Titel »Probleme der Kunstgeschichte« lässt allerdings eher an eine fachinterne Leserschaft denken. Gleich im ersten Abschnitt bemüht der Autor denn auch die platonische Unterscheidung »zwischen Temnein und Synagein«, weiter geht es mit Begriffen wie »Adiaphoron«, mit »unwertfreier« und »wertfreier« Kunstgeschichte, mit der Erscheinung y gegenüber den Phänomenen c und b. Der Beitrag ist zwar nicht im luftleeren Raum entstanden, sondern innerhalb einer Serie, die den »Zukunftsaufgaben der deutschen Wissenschaft« galt.

Dennoch – Panofskys Schwiegermutter machte es brieflich unmissverständlich klar, daß sie den Text

> für eine Tageszeitung für zu schwer [halte]. Das Publikum will nicht, wenn es die Zeitung liest, das Konversationslexikon dabeihaben, um Fremdworte, die Euch gang und gäbe sind, nachzuschlagen.[9]

Da, kann man auch aus heutiger Sicht nur beipflichten, hatte sie recht.

Das hohe intellektuelle Niveau und die Grundsätzlichkeit, mit der Panofsky sich hier äußert, spricht dafür, dass er die Plattform der »Deutschen Allgemeinen Zeitung« nutzte, um der Fachöffentlichkeit sein wissenschaftliches Credo zu verkünden. Wollte man das Ergebnis zusammenfassen, dann vielleicht wie folgt: Eine zukünftige Kunstgeschichte darf weder reine Formanalyse noch reine Ikonographie betreiben, sondern muss versuchen, »Formen« und »Inhalte« zusammenzusehen. Dazu bedarf es einer neuen, ganzheitlichen Herangehensweise, die man als »Typenlehre« bezeichnen könnte. Der Fortschritt lag für Panofsky in Untersuchungen mit eng begrenztem Thema, aber mit möglichst universeller Methode –

> mit einer Methode, die ein bestimmtes Einzelphänomen von möglichst vielen Seiten zu betrachten und seine ›Voraussetzungen‹ (nicht nur in zeitlichem Sinne) in möglichst großem Umfang aufzudecken versucht.[10]

Damit beschrieb er nicht nur exakt das eigene wissenschaftliche Handeln, sondern verortete es auch in einem ganz bestimmten Kontext. Denn fragt man nach der Motivation dieses selbstbewusst vorgetragenen, hoch anspruchsvollen Beitrags, so wird man neben dem – wie Dora offenbar ihrer Mutter erklärt hatte – willkommenen Honorar und dem Ehrgeiz, hier in aller Öffentlichkeit einen fachpolitischen Stein ins Wasser zu werfen, noch auf ein weiteres Movens stoßen: den Versuch, die im Umkreis der K.B.W. betriebene Inhaltsdeutung (die im Verdacht stand, ein jüdisches Spezialgebiet zu sein) und den formanalytischen Ansatz der »offiziellen« Kunstgeschichte miteinander zu verbinden. Aus der biographischen Perspektive betrachtet, fand Panofsky hier zu einer eigenen Position, auch was sein Verhältnis zur Warburg-Bibliothek betraf. Der dort eingeführte kulturgeschichtliche Ansatz war für ihn nur eines von mehreren gleichberechtigten Arbeitsinstrumenten. Während Warburg an der fachwissenschaftlichen Peripherie einen eher speziellen Ansatz vertrat, verstand sich seine eigene »Typenlehre« als eine synthetische Methode. Für diese und damit die von ihm vertretene »Hamburger Schule« reklamierte Panofsky eine führende Position an der Spitze des gesamten Fachs.

In den Semesterferien ging es erneut auf Reisen – diesmal mit Ehefrau Dora nach Paris. Als diese vor ihm nach Hamburg abreisen musste, blieb ein verlassener Ehemann zurück:

> Du fehlst mir, ganz senza complimenti, recht sehr: abends bin ich zum Bummeln allein zu energielos, setze mich auf meinen Balkon oder in den bei Licht zauberhaft schönen Tuileriengarten und gehe früh ins Bett.[11]

Oder ins Kino, möchte man anfügen, oder ins Theater, oder zum Essen mit seiner Schülerin Heidi Heimann, die wie er gerade in der Bibliothèque Nationale arbeitete. Vor allem betrieb er hier Semestervorbereitung – besuchte Chantilly, das Musée Jacquemart-André, das Musée des Arts Décoratifs, bestellte Fotos, studierte Handschriften, begeisterte sich für Manets Stillleben, für Künstler wie Le Sueur und Le Brun.

Ende September 1927 fand in Göttingen die »Versammlung deutscher Philologen und Schulmänner« statt, zu der ihn der Göttinger

Ordinarius Georg Graf Vitzthum eingeladen hatte; Panofsky sprach über das ungewöhnliche Thema »Die Antike in der nordischen Gotik«.[12] Sein schon länger gehegter Plan, das Thema zu einer Monographie auszuweiten, die in den Studien der K.B.W. erscheinen sollte, wurde zwar nie ausgeführt. Zumindest lässt sich aber dem Résumé entnehmen, dass er hier bereits auf ein Phänomen aufmerksam machte, das später unter dem Schlagwort »principle of disjunction« bekannt werden sollte. Es geht um immer wieder zu beobachtendes Zitieren antikischer Elemente im Mittelalter und damit weit vor der eigentlichen »Renaissance«. Das Entscheidende ist: Diese antiken Zitate werden stilistisch verwandelt und in das jeweilige Ambiente integriert. Wann immer sich die mittelalterliche Kunst eines antiken Motivs annimmt, so Panofskys These, wird dieses Motiv nicht in antikischer, sondern in zeitgenössischer Weise wiedergegeben. Sein Beitrag galt der Suche nach dem Wesen der Renaissance und der Frage, was diese von solchen früheren Wellen der Wiederbelebung der Antike unterschied.

Die Hauptvorlesung des Wintersemesters 1927/28 aber galt der französischen Kunst des 18. Jahrhunderts. Die einstündige öffentliche Veranstaltung, das sogenannte »Publicum«, befasste sich mit der originellen Frage nach den »Spätwerken großer Meister und Spätphasen großer Stile«. Saxl, mit dem Panofsky inzwischen eine enge Freundschaft verband, las über ein bislang unerschlossenes Spezialgebiet, »Sternglaube und Sterndeutung in der bildenden Kunst«. Für das kommende Semesterprogramm stimmte sich Panofsky, wie vereinbart, mit Warburg ab: Um eine andere Arbeit endlich abschließen zu können, wolle er zum ersten Mal eine Vorlesung wiederholen, diejenige über die »Altniederländische Malerei«. Ob dieser etwas dagegen hätte – und ob man vielleicht eine Art Gesamtprogramm auf die Beine stellen könne, das die Beziehungen zwischen der niederländischen und der italienischen Kunst zum Inhalt habe?[13] Warburg scheint dem Vorschlag Panofskys zugestimmt zu haben; er selbst bot in Ergänzung zur Vorlesung des jüngeren Kollegen im Sommersemester »Übungen über internationale Austauschvorgänge im Kunstschaffen der europäischen Renaissance« an.

Insgesamt aber entwickelte der einstige Mentor zu dem von ihm so früh und so entschieden geförderten Panofsky im Laufe der Zeit ein zwiespältiges Verhältnis: Mal diskutierte Warburg mit Saxl den Minderwertigkeitskomplex des Kollegen, »dem ich keinen Zucker geben möchte«.[14] Mal freute er sich, während einer Einladung bei Panofskys mit diesem drei Stunden Geschichten erzählt zu haben, mal fand er es »affig«, wie dieser während eines weniger gelungenen Gastvortrages in der K.B.W. den Redner scharf angegangen und dann fluchtartig die Bibliothek verlassen hatte.[15] Der wissenschaftliche Austausch blieb allerdings grundsätzlich und beiderseitig bis zu Warburgs Tod von großem Respekt geprägt, die gemeinsame Betreuung von Studenten intensiv.

Während er sich mit Warburg immer irgendwie einigte, gab Panofsky allerdings nicht nach, als ihm die Hochschulbehörde im Dezember 1927 mitteilte, dass die Studenten »auf dem Gebiet der Kunstgeschichte die große systematische Vorlesung« vermissten.[16] Panofsky antwortete mit einer vierseitigen Abhandlung – ablehnend:

> Normalerweise kann der akademische Unterricht in einem Fache, das im Gegensatz zur Literaturgeschichte nicht in verschiedene, selbständig vertretene und neben einander gepflegte Sondergebiete aufgeteilt ist, nach meiner Ueberzeugung nichts anderes anstreben, als die Studierenden auf begrenzten Stoffgebieten so weit zu fördern, dass sie kraft der dadurch erlangten methodischen Erfahrung die Gegenstandswelt anderer Gebiete sich selbst zu erarbeiten vermögen [...].

Er selbst halte sich an das von Adolph Goldschmidt eingeführte Prinzip, zeitlich und örtlich begrenzte Themen zu behandeln, etwa die »Französische Gotik, Deutsche Kunst des Mittelalters I und II, Altniederländische Malerei, Italienische Renaissancekunst I und II u.s.w.«.[17]

Das Jahr endete mit einer jener unschönen Kontroversen, die der Wissenschaftsbetrieb immer mal mit sich bringt. In einem Anfang 1927 erschienenen Aufsatz über die Neuherausgabe der Haarlemer Michelangelo-Zeichnungen[18] sowie in seinem Beitrag über »Die Pietà von Ubeda« für die Festschrift Julius Schlosser[19] hatte Panofsky eine Reihe von mündlichen Mitteilungen des damaligen wissenschaftlichen Mitarbeiters an der Gemäldegalerie des Kunsthistorischen Museums in Wien, Johannes Wilde, verwendet, diese aber, nach dessen Meinung, nicht genügend gekennzeichnet. Wilde sah sich um sein geistiges Eigentum betrogen, Panofsky zu einer offiziellen Erklärung im Repertorium für Kunstwissenschaft genötigt.

Der Umzug erfolgte in den Weihnachtsferien: Von nun an residierten Panofskys in der nur durch den Harvestehuder Weg von der Alster getrennten, etwas stadtnäher gelegenen Alten Rabenstraße 34, im ersten Stock; das Gebäude ist im Zweiten Weltkrieg zerstört und durch einen Gelbklinker-Neubau ersetzt worden. Im selben Haus wohnte nicht nur Panofskys Kollege, der Klassische Philologe Bruno Snell, sondern auch, im Parterre, die promovierte Historikerin Olga Herschel, deren Mutter eine geborene Warburg war. Obwohl mit dem Familienzweig Aby und Max Warburg nur weitläufig verwandt, scheint sie Ersteren doch so gut gekannt zu haben, dass sie im Dezember 1929 in der Hamburger Universitäts-Zeitung einen Nachruf auf Aby Warburg verfassen sollte.[20]

Aby Warburg dagegen, dem sein prekärer Gesundheitszustand bewusst war, bereitete zu dieser Zeit die Einsetzung eines Kuratoriums vor, das die Zukunft seines Lebenswerks garantieren sollte. Neben seinen vier Brüdern, dem Neffen Erich (später Eric) und dem Sohn Max Adolph waren Gustav Pauli, Ernst Cassirer, Fritz Schumacher, der Berliner Museumsdirektor Wilhelm Waetzoldt sowie der jeweilige Hochschulsenator als Mitglieder vorgesehen. Und Panofsky? Saxl war unbedingt für ihn – zumal dieser, so gab er zu bedenken, der einzige aus dieser Reihe sei, der die Bibliothek in den letzten zwei Jahren überhaupt benutzt hatte.[21] Bing fand, dass, falls dieser eines Tages von Hamburg weggerufen würde, die Zusammenarbeit sich schwierig gestalten könne. Warburg antwortete ihr im Tagebuch der K.B.W., dass er selbst eigentlich dagegen gewesen sei, Panofsky auf die Liste zu setzen. »Saxl möchte ihn. Notabene: Panofsky kommt schwerlich von Hamburg weg.«[22] Der Grund braucht hier nicht mehr eigens angeführt zu werden: Als Jude hatte er wenig bis keine Chancen auf ein Ordinariat an einer Universität, die seinem intellektuellen Profil entsprach.

1928
Norddeutsche Normalität

In wissenschaftlicher Hinsicht stand das Jahr 1928 ganz im Zeichen der »Melancholie«. Saxl und Panofsky bereiteten eine neue, erweiterte Buchauflage vor. Saxl saß zwar über Monate in London, um dort Handschriften zu katalogisieren – aber die rege Briefdiskussion zwischen »Sassetto« und Panofsky dokumentiert nicht nur die intensive, fruchtbare Arbeitsbeziehung zwischen beiden, sondern auch eine wachsende persönliche Vertrautheit. Verdankte sich diese Vertrautheit zumindest in Teilen auch dem Umstand, dass beide Juden waren – und so manche Erfahrung, manche Haltung miteinander teilten? Zumindest macht der Umstand, dass Panofsky Saxl gegenüber einen Kollegen als »unseren Mitjuden« erwähnte, hellhörig.[1] Die Arbeitsteilung jedenfalls war unproblematisch: Während Saxl darauf achtete, dass die gemeinsamen Ergebnisse »richtig« waren, war Panofsky für den »Geist« in ihrer gemeinschaftlichen Unternehmung verantwortlich.[2] Insgesamt muss man noch heute bewundern, welche gewaltigen Stoffmengen hier bewältigt, welch detaillierte Spurensuche hier betrieben wurde, entlegenen Quellen einbezogen, welche neuen Zusammenhänge hergestellt wurden – und das nicht etwa während eines Forschungssemesters, sondern neben der fordernden Alltagsarbeit. Noch eines gab Saxl von England aus zu bedenken: Hier sei man, so berichtete er, sehr auf die Lesbarkeit historischer Abhandlungen bedacht. Vielleicht müsse man das eigene Manuskript in dieser Hinsicht noch einmal etwas überarbeiten …[3]

Gustav Pauli weilte als Gastprofessor an der Harvard University. Panofsky wiederholte kräftesparend seine »Altniederländer«-Vorlesung, bot gemeinsam mit einem Privatdozenten der Philosophie, Hermann Noack,[4] eine Übung zu »Methodenfragen der Kunstwissenschaft« an, unterstützte seine Studenten bei der Drucklegung ihrer Arbeit, indem er über Aby Warburg (der dem Kuratorium angehörte) Anträge an die Hamburgische Wissenschaftliche Stiftung stellte. Im April ging es, wahrscheinlich über Ostern, mit der Familie ganz bodenständig nach »Hitzacker an der Elbe, einem reizenden Ort in wunderschöner Lage und mit einem nahrhaften Hotel«.[5] Inzwischen stand er, wie er Hermann Beenken am 26. April schrieb, offenbar auf der Königsberger Berufungsliste. »Aber ich bin nun schon so lange berufsmässiger ›Listensteher‹, dass ich auf so etwas nicht viel gebe.« Und schließlich gäbe es ja dort eine Anzahl Nachwuchswissenschaftler, die eher an der Reihe wären – zum Beispiel Gerstenberg und Worringer, »dem allein schon seine neuerliche Ent-Latinisierung der französischen Gotik die Anwartschaft auf ein Ordinariat gibt«.[6] Die nebenbei geäußerte Bemerkung ist in der Rückschau aufschlussreich: Sie beschreibt eine hochschulpolitische Situation, in der Berufungen nach weltanschaulichen und politischen, weniger nach qualitativen Kriterien üblich waren. Denn sowohl Gerstenberg als auch Worringer hatten sich damals bereits mit völkerpsychologisch motivierten Arbeiten zur Gotik etabliert, in der diese als ein genuin deutsches Phänomen, als Ausdrucksform einer germanischen Rasse beschrieben wurde. In Hamburg dagegen hatte man

> sich gerade die möglichst untendenziöse Aufklärung der allgemeinen europäischen Kunstzusammenhänge und insbesondere der Wechselwirkungen zwischen Norden und Süden zur Aufgabe gesetzt.[7]

Panofsky sollte recht behalten: Die Berufungskommission entschied sich für Worringer.

Pfingsten fuhr Dora zu ihrer Mutter nach Berlin, und Panofsky entschied sich, die Einladung seines Schülers Udo von Alvensleben anzunehmen. Von Alvensleben, dem das Gut Wittenmoor bei Stendal gehörte, hatte in Berlin und Hamburg Kunstgeschichte studiert. 1927 war er von Panofsky mit einer Arbeit über die Sommerresidenz der Welfen, Schloss Herrenhausen, promoviert worden. So ganz warm scheint der Gast mit der Atmosphäre dort nicht geworden zu sein: »Ich habe«, so schrieb er an Saxl, »einige ganz interessante Tage unter den Christen in der Altmark (bei Alvensleben) verbracht«.[8] Im Seminar mehrte sich die Zahl derjenigen, die Panofsky erfolgreich durch ihr Studium gelotst hatte. Nicht nur von Alvensleben, sondern auch Heinz Brauer wurde 1927 promoviert, über ein Thema, das Panofskys eigene Forschungen ergänzte, hatte dieser doch bereits 1919 einen Aufsatz verfasst über Berninis Scala Regia im Vatikan – »Die Zeichnungen des Bernini in der Leipziger Stadtbibliothek«. Auch diese Dissertation war von Dora abgetippt worden.

Merkwürdig erscheint – aber vielleicht erst aus heutiger Sicht, wo dieser Name Berühmtheit erlangt hat – die inzwischen viel diskutierte Episode mit Walter Benjamin: Im Dezember 1927 hatte – immerhin! – Hugo von Hofmannsthal aus Wien Panofsky einen Brief geschickt mit der Absicht, diesen auf eine Arbeit eines jungen Autors, Walter Benjamin, aufmerksam zu machen; Benjamin, ein begeisterter Leser von Panofsky-Saxls Melancholie-Buch, wünschte sich eine Verbindung zum Warburg-Kreis:[9] Denn in seiner eigenen Arbeit über den »Ursprung des deutschen Trauerspiels« hatte er ebenfalls Melancholie-Deutung betrieben und methodisch ganz ähnliche Wege beschritten wie Warburg und seine Mitstreiter. Doch Panofsky blieb distanziert – auch das Nachhaken des Religionshistorikers Gershom Scholem führte nicht zum gewünschten Ziel. Er und Saxl entschieden im Sommer 1928, sie hätten zwar viel aus Benjamins Buch gelernt, aber insgesamt sei ihnen das Buch zu klug, was wohl heißen sollte: Es drängte sich zu sehr in das eigene, gerade erst abgesteckte wissenschaftliche Terrain hinein.[10] Das Semester jedenfalls endete mit einem »wunderbar erfrischenden Aufenthalt in Kampen« auf Sylt im August. Und im Winter präsentierte Panofsky ein großes »Überblickskolleg« zum Mittelalter.[11]

1929
Im Karrierekarussell

Das Jahr begann unspektakulär – Panofsky steckte bis über beide Ohren in der Vorbereitung für die Drucklegung seines Buchs zum »Herkules am Scheidewege«. Saxl katalogisierte in London weiter illustrierte astrologische Handschriften. Warburg befand sich seit dem Herbst 1928 mit Gertrud Bing auf Forschungsurlaub in Italien.[1] Im März erhielt die K.B.W. wichtigen Besuch, den wegen Abwesenheit der übrigen Protagonisten Panofskys Schüler Edgar Wind betreuen musste: Abraham Flexner aus New York. Flexner stammte aus einer deutsch-jüdischen Einwandererfamilie. Er war eingeladen von der Universitätsgesellschaft und beteiligt an der Gründung eines deutsch-amerikanischen Vereins, der »Gesellschaft der Freunde der Vereinigten Staaten«. Zu ihren Gründungsmitgliedern gehörten der Staatsrechtler Albrecht Mendelssohn Bartholdy, Kurt Sieveking, Erich M. Warburg und Otto Laeisz; Mendelssohn Bartholdys Assistentin Magdalene Schoch gab das Organ der Gesellschaft, die zweisprachige »Hamburg-Amerika-Post«, heraus, in der Gustav Pauli den Nachruf auf seinen Ende 1929 verstorbenen Freund Aby Warburg veröffentlicht hat.[2]

Hinter den Kulissen bereitete der Altphilologe und Bildungsreformer Flexner gerade die Gründung einer Institution vor, deren zukünftige Bedeutung man damals noch nicht hat ermessen können: das Institute for Advanced Study in Princeton. Es ist nicht ganz klar, ob Panofsky Flexner damals bereits persönlich kennengelernt hat. Nicht nur für den Hamburger Gelehrten ganz persönlich, sondern für die Entwicklung der Kunstgeschichte insgesamt hat es sich jedoch, wie man aus heutiger Sicht sagen kann, als äußerst förderlich erwiesen, dass der amerikanische Gast von der Idee der K.B.W. und von der in ihrem Umkreis betriebenen Forschung begeistert war.[3]

Im Sommer wurden zu Panofskys vollster Zufriedenheit die Doktoranden Niels von Holst und Herta Schubart promoviert. Der Lehrkörper erhielt Verstärkung durch Karl von Tolnai (später Charles de Tolnay), der aus Österreich-Ungarn stammte, in Berlin – bei Goldschmidt – und Frankfurt studiert hatte und in Wien – von Schlosser – promoviert worden war. Er habilitierte sich 1929 in Hamburg und erwarb sich in der Folgezeit einen ausgezeichneten Ruf als Michelangelo-Kenner. Von der lockeren und familiären Atmosphäre am Seminar jedenfalls berichtet ein kleiner Scherz, den sich die Studenten mit dem Neu-Hamburger von Tolnai erlaubten: »Kurz nach meiner Ankunft«, so erinnerte es dieser, »kam einer meiner Studenten zu mir, um mich im Namen des Kunsthistorischen Seminars nach St. Pauli [...] einzuladen.« Tolnai erwartete natürlich die Besichtigung einer kunsthistorisch bedeutsamen Kirche.

> Ich bedankte mich höflich, sagte zu, und fragte, um wieviel Uhr die Exkursion stattfinden würde. ›Abends um neun‹, war die Antwort. ›Wie bitte? Da kann man ja nichts mehr von der Kirche und den Skulpturen sehen‹, sagte ich verwundert. ›Herr Doktor, wir werden mit Fackeln erscheinen.‹[4]

Die Überraschung darüber, dass der Abend in Deutschlands berüchtigtstem Vergnügungsviertel endete, muss groß gewesen sein. In der Folgezeit entpuppte sich von Tolnai als etwas schwieriger Charakter – seine Affären und Manieren waren immer mal wieder Gegenstand der Korrespondenz des Ordinarius.

Die Universität überraschte Panofsky mit der Bitte, das Amt des Dekans zu übernehmen – »auf Wunsch des jetzigen [des Historikers Justus Hashagen, KM] und mit ausdrücklichem Placet unseres Fakultäts-Antisemiten«, so schrieb Panofsky offen an seinen Freund und Kollegen Wolfgang Stechow nach Göttingen.

> Ich habe aber abgelehnt, meine natürliche Abneigung gegen solche Sachen mit der Rectorship Cassirers bemäntelnd. Zwo Juden auf einmal ist ein bisschen viel für ein Jahr, aber es ist nett, dass die Andern daran garnicht gedacht hatten.[5]

Cassirer hatte im Jahr zuvor einen Ruf nach Frankfurt am Main abgelehnt und war als Anerkennung dafür zum Rektor der Universität berufen worden. »[...] dass die Andern daran gar nicht gedacht hatten [...]« – noch Panofskys lässig-heruntergespieltem Kommentar merkt man seine Erleichterung darüber an, dass die dunkle Last der jüdischen Abkunft hier für einen Moment – oder auf Dauer – leichter zu werden schien.

Denn es gab zumindest in Hamburg durchaus Anlass zu Hoffnung: Juden erhielten hier allmählich die Chance, Beamte oder, wie Max Warburg schon 1904, Mitglied der Bürgerschaft zu werden. Die jüdische Gemeinde zählte 1925 fast 20000 Mitglieder. 1920 berief man mit Leo Lippmann den ersten ungetauften Juden auf den Posten eines Staatsrats. Der aus deutsch-jüdischer Familie stammende Gustav Oelsner wurde 1924 Bausenator in Altona, und zum ersten Träger des 1930 verliehenen Lessingpreises ernannte man den Juden Friedrich Gundolf. Die NSDAP hatte 1922 in Hamburg eine Ortsgruppe gegründet, die zunächst verboten, 1924 aber wieder zugelassen wurde; 1932 sollte sie die größte Fraktion in der Bürgerschaft stellen. Die relative Ausgewogenheit in den Hamburger Verhältnissen war dem Ersten Bürgermeister Carl Petersen (DDP) zu verdanken, der im Zeitraum 1924-1929 und dann wieder 1932/33 zwischen bürgerlichen und sozialistischen Kräften den Ausgleich herzustellen suchte; unter ihm, so berichtete Gustav Pauli dem Freund, »ruhen die Gegensätze im Gleichgewicht«.[6]

Inzwischen drehte sich das allgemeine Karrierekarussell immer schwungvoller. Zwar konnte man Panofsky nicht mehr ignorieren – aber als Jude hatte er nur eine geringe Chance. Seine realistische Einschätzung der wissenschaftspolitischen Lage sollte sich immer wieder bestätigen: In Berlin war die Nachfolge Adolph Goldschmidts zu besetzen, in Heidelberg diejenige Carl Neumanns. Ordinarius in Berlin – man kann sich vorstellen, dass dies Panofskys großer Traum gewesen wäre. Doch die Berufungskommission platzierte ihn nur an dritter Stelle. Ihm vorgezogen wurden mit Hans Jantzen und Albert Erich Brinckmann zwei Kunsthistoriker, die für ihre völkische Gesinnung bekannt waren. Die in Gutachten gegen Panofsky geäußerten Bedenken operierten unverblümt mit antisemitischen Stereotypen – sie liefen auf die »kalt-intellektuelle Art seines Arbeitens« heraus, der »jedes sinnlich-warme Verhältnis zu künstlerischen Dingen zu fehlen scheint«.[7]

Anders verhielt es sich mit Heidelberg. Auch hier stand Jantzen auf Platz eins, lehnte jedoch ab. Der Ruf erging an den Zweitplatzierten, Erwin Panofsky. Nach intensiven Berufungs- und Bleibeverhandlungen, Briefen, Telefonaten, Missverständnissen, schließlich Warburgs nachdrücklichem Werben und Eintreten für sein Bleiben lehnte dieser am 8. Oktober jedoch ab – obwohl er inzwischen mit dem berühmten Heidelberger Germanisten Friedrich Gundolf Freundschaft geschlossen hatte, und obwohl ihn dort mit eben Gundolf, Karl Jaspers und dem Nationalökonomen Alfred Weber eine hochkarätige Kollegengruppe erwartet hätte. Ein Hauptgrund für die Ablehnung war das ungenügende finanzielle Entgegenkommen der Heidelberger, sowohl was das eigene Gehalt als auch was die Ausstattung des Instituts betraf, dazu das auch nach einem Gespräch mit dem Oberbürgermeister nicht aus der Welt zu schaffende Problem, »dass die Beschaffung einer geeigneten Mietswohnung sehr schwierig sein dürfte«.[8] Außerdem – die Stadt war so klein, und Panofsky fürchtete, auf der einen langen Hauptstraße täglich dreimal dieselben Kollegen zu treffen. Vielleicht hätte er es wirklich nicht leicht gehabt, sich in Heidelberg zu akklimatisieren. Die Heidelberger Studentin Lili Fehrle-Burger, die Panofsky bei einem Besuch der potenziellen Wirkungsstätte kennengelernt hatte, erinnert ihn jedenfalls als eine durchaus auffällige Erscheinung:

> Zuerst glaubte ich zu träumen, als mir aus dem dämmrigen Flur wie ein orangefarbener Vollmond eine rötlich verschwitzte Glatze entgegenglänzte, die ein leicht ergrauter Kranz von dunklem Kraushaar umgab. Ein breitschultriger, rundlicher Mann in dunklem Anzug und knallgelben Schuhen machte sich dort ärgerlich brummend in gebückter Haltung an dem Schlüsselloch des kunsthistorischen Instituts zu schaffen.[9]

In Hamburg machte man ihm durch großzügiges Entgegenkommen sehr deutlich, dass sein Bleiben mehr als erwünscht sei. Auch das »Verantwortungsgefühl gegenüber einer im Aufbau begriffenen ›Schule‹ (wenn ich es schon so nennen darf)« wurde in die Waagschale geworfen.[10] Warburg reagierte hochzufrieden und betrachtete Panofskys Entscheidung als ein »für die Konsolidierung der Universität erfreuliches Faktum«.[11]

Die Semesterferien verbrachte Panofsky diesmal nicht auf Sylt, sondern in dem kleinen südniederländischen Hafen- und Fährort Vlissingen. Holländisch sprach er gut und gerne. »Hier in Vlissingen«, so berichtete er im August 1929 Gertrud Bing aus dem Grand Hotel Britannia,

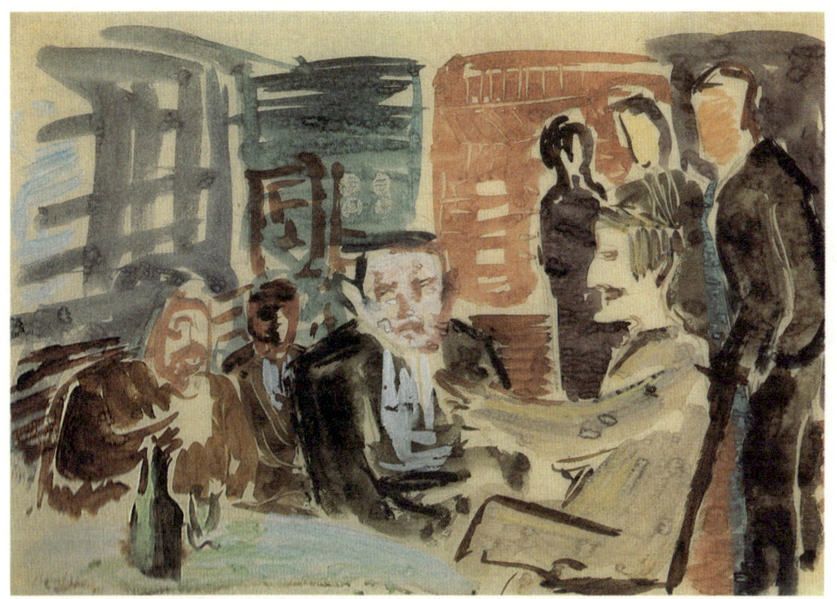

Eduard Bargheer: Bei Panofsky (ca. 1933/34). Personen von links nach rechts: Fritz Warburg, Dora Panofsky, Erwin Panofsky und Bruno Snell

> wo sonst alle Menschen nur durchfahren, wo es aber – ganz weit weg von dem Bahn- und Hafenbetrieb – ein sehr nettes, trotz seines protzigen Titels sehr gemütliches Hotel gibt, habe ich mich für einige Zeit etabliert und lasse mich braun werden; besonders schön die für diese Insel Walcheren [damals in Wirklichkeit bereits eine Halbinsel, KM] typische Vereinigung von Strand, Düne, fruchtbarem Land und kleinen komischen Städten mit Rathäusern, Glockenspiel und ›Vereeniging de oude Vrientschap‹.[12]

Von dort ging es, wohl mit der Familie, in die Auvergne und nach Burgund – Letzteres eine Kunstlandschaft, die in seinem im gleichen Jahr in der Zeitschrift »Oberrheinische Kunst« erschienenen Aufsatz »Zur künstlerischen Abkunft des Straßburger ›Ecclesiameisters‹« eine bedeutende Rolle spielte.

In Hamburg hatte er sich – auch dies ein Argument gegen die Kleinstadt Heidelberg – inzwischen sehr eingelebt, so sehr, dass ihm die landschaftliche und menschliche Umgebung seines jetzigen Wir-

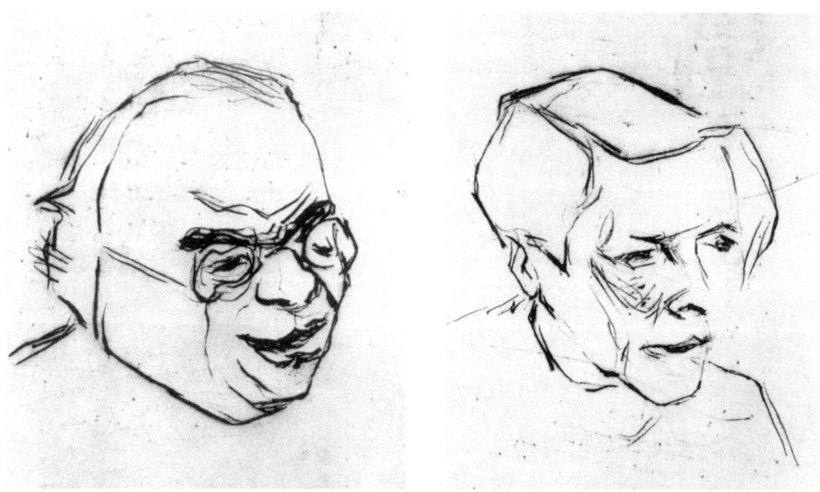

Eduard Bargheer: Porträt Erwin und Dora Panofsky (1934)

kungskreises doch sehr ans Herz gewachsen war.[13] Und nicht nur das: Er nahm aktiv am kulturellen – vor allem dem musikalischen – Leben der Stadt teil, beteiligte sich etwa an der Organisation von Kammerkonzerten des Philharmonischen Orchesters, schleppte die Kinder in viele Konzerte mit, ließ sie Klavier lernen. Auch mit dem jungen, 1901 geborenen Hamburger Maler Eduard Bargheer war das Ehepaar Panofsky inzwischen befreundet. Bildnisse von Erwin und Dora Panofsky aus der Hand Bargheers sowie Interieurszenen belegen, dass dieser öfters in der Alten Rabenstraße 34 zu Gast war.

Wie genau Panofsky das Wesen des Hanseaten beobachtet und verstanden hatte, dokumentiert besonders schön ein dem Gedächtnis Adolph Goldschmidts gewidmeter Text, »Goldschmidts Humor«. Die noch heute höchst amüsant zu lesende, zugleich auch den Witz und Humor ihres Autors bezeugende, auf Deutsch verfasste Würdigung erschien 1963, und sie enthält nicht nur eine Verneigung vor dem verehrten akademischen Lehrer, sondern vor allem eins: eine Liebeserklärung an Hamburg:[14]

> Adolph Goldschmidt war nicht nur ein großer Gelehrter, sondern auch ein Hamburger aus guter Familie. Und was das besagt, kann

der, dem (mit der Gedenkschrift auf einen Hamburgischen Senator des 18. Jahrhunderts zu reden) ›Gott die Gnade versagt hat, in Hamburg geboren zu sein‹ nur dann ermessen, wenn es ihm vergönnt war, wenigstens einen Teil seines Lebens auf und an der Alster zu verbringen. Das Wesen des Hamburgers aus guter Familie wird beherrscht durch den Begriff der ›Anständigkeit‹ – ein Wort, das seine volle Kraft erst dann entfaltet, wenn es mit dem spitzen, aber nicht eigentlich scharfen ›s‹ ausgesprochen wird, das nur in Hamburg, Bremen und Lübeck zu finden ist. Diese hanseatische Form des ›Schicklichen‹ [im Original: ἐπιεικές, KM] bestimmt, was er denkt und fühlt, was er ißt und trinkt, wie er sich benimmt und wie er sich kleidet, dem Wechsel der Jahreszeiten nur durch diskrete Übergänge zwischen dunklerem und hellerem Grau ein Zugeständnis machend. Je wohlhabender er ist (›reiche Leute‹ gibt es in Hamburg ebensowenig wie ›rich people‹ in Boston), und je freigebiger er sein kann, wo Bürgerpflicht oder einfache Menschlichkeit es gebieten, um so mehr vermeidet er es, seinen Wohlstand zur Schau zu tragen, und umso strenger hält er auf eine ordnungsgemäße Buchführung, die keine kleinen Ungenauigkeiten duldet. Und in seinem allgemeinen Lebensgefühl verbindet sich echtes Weltbürgertum mit einem *campanilismo* [Provinzialismus, KM] der sich nicht nur auf Hamburg im Gegensatz zur Außenwelt, sondern auch auf die ›besseren‹ Stadtteile innerhalb Hamburgs selbst erstreckt. In der ganz akzentlos vorgebrachten Feststellung ›Die jungen Möllers sind ja nun auch nach drüben gezogen‹ bezieht sich das Wort ›drüben‹ nur auf den Atlantischen Ozean; in dem entrüsteten Ausruf ›Denken Sie sich, die jungen Smidts sind nach *drüben* gezogen‹ bezieht sich das Wort ›drüben‹ auf die Alster und bedeutet damit einen Verrat entweder an der Uhlenhorst oder an Harvestehude.

Panofsky galt inzwischen als »neuer Stern am Kunsthistorikerhimmel«. Seine unkonventionelle Nähe zu den Studenten, seine intellektuelle Brillanz, seine originellen Denkansätze entfalteten eine weitreichende Anziehungskraft; dazu bildete die Warburg-Bibliothek einen zusätzlichen Attraktionspunkt. Mehrere Studenten wechselten aus München gezielt nach Hamburg, um hier ein »Gegengewicht« zu biologistischen Deutungsmodellen à la Pinder zu finden – und sich stattdessen mit exotischen Quellentexten konfrontiert zu sehen:

> Wer hat ›Hisperica famina‹ gelesen? Kennen Sie Lycophrons ›Alexandra‹? Ist Ihnen Vergilius Maro Grammaticus ein Begriff? Hiob Ludolphs ›Assyrische Studen‹? Keplers ›Somnium‹?

Wer sich von solchen Fragen nicht abschrecken ließ, wurde als Wissenschaftler ernst genommen – und er erhielt Zugang zu einer Gemeinschaft, die nicht nur arbeitete, sondern auch feierte. »Ich war«, so berichtete der Student Franzsepp Würtenberger seinen Eltern,

> also letzten Sonntag bei Prof. Panofsky, wo zusammen 12 Personen zu Tee und zwei Flaschen Weißwein geladen waren. Außer mir waren noch die drei Hauptschüler von Panofsky und ein Dr. Brinkmann da, der 1. Flötist des hiesigen philharmonischen Orchesters mit seiner Frau. Es wurde musiziert und dann eigentlich nur Witze erzählt über Kunsthistoriker etc. Panofsky erzählte dauernd über die merkwürdigsten kunsthistorischen Ereignisse, was ihm mit seinem ungeheuren Wissen nicht schwerfiel. Er ist wohl einer der geistreichsten Leute, die ich überhaupt kennengelernt habe.[15]

Wie wir von Panofskys Schüler, dem bedeutenden Ikonologen William S. Heckscher (damals noch Wilhelm Heckscher) wissen, endeten die Abende bei Panofskys nicht selten auf St. Pauli … Anspruchsvoller dagegen gestalteten sich die Seminarfeste. Sie standen jeweils unter einem kunstgeschichtlichen Motto – etwa die »Geburt der Gotik«, bei der die von den Studenten verkörperten acht französischen Bauschulen zu den Klängen von Chopins Trauermarsch einzogen und sich in wohlgesetzten Reimen vorstellten:

> Auvergne: Rückständig immer nennt man mich / Warum nur Neues – sage ich/doch immerhin, ich will das Spiel Euch nicht verderben/den Umgang mit Kapellenkranz, den kann ich Euch vererben.

Panofsky dagegen erschien bei solchen Gelegenheiten gerne als ›Fürst der Welt‹ – als die berühmte teuflische Verführerfigur von der West-

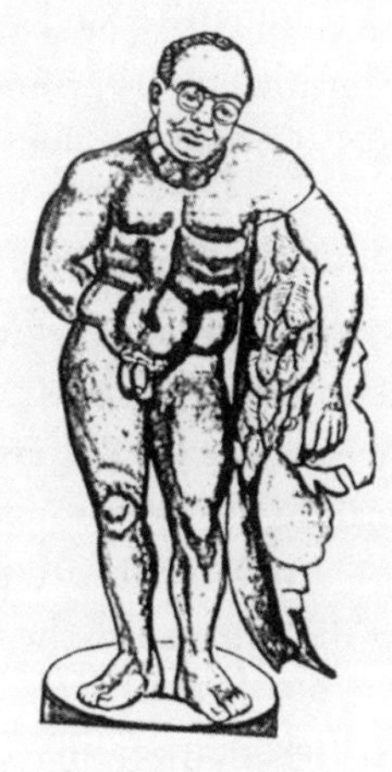

Panofsky als »Herkules Farnese« – »Kostümfest des Kunsthistorischen Seminar. Hamburg 7.II.1930. Panofsky als Herkules. Grisaille etwas unter Lebensgröße (1,20) von Anita Rée«

fassade des Straßburger Münsters.[16] Es muss Spaß gemacht haben. Noch heute spürt man die Intensität dieser Atmosphäre rund um den glänzenden jungen Ordinarius, dessen Sprechstunde Donnerstagvormittag im Seminar, Hugo Buchthal zufolge, »für uns Studenten das wichtigste Ereignis der Woche« war. »Kunstgeschichte war für uns wie eine Religion«, so erinnerte sich Heckscher noch in hohem Alter.[17]

Heidelberg also wurde aus verschiedenen Gründen abgelehnt – und stattdessen schlug Panofsky vor, Fritz Saxl an seiner Stelle zu berufen – Saxl, den er ob seines »Herumreisen(s) ohne das Gefühl des Verwurzeltseins« in diesem Moment, im September 1929, zutiefst bedauerte.[18]

> Ach, guter Saxl, wann werden wir uns nun wiedersehen, um die Melancholie [...] zum Abschluß zu bringen? Wir müssen es vorläufig Gott überlassen, aber wir wollen alles tun, um uns in der Zeit der Trennung nicht zu verlieren. Schließlich gehören wir, was ich immer aufs Neue empfinde, doch mehr zusammen, als die meisten anderen ›Fachgenossen‹, und ich habe zu uns das Vertrauen, daß uns diese Empfindung über die raumzeitliche Separierung hinweghilft.[19]

Saxl war »heimatlos« – was bedeutete, dass Warburg ihn nach seiner Rückkehr aus Italien mehr oder weniger endgültig aus der K.B.W. »verdrängt« hatte, indem er ihn auf Forschungsreise schickte.

Eine im gleichen Brief geäußerte Frage lässt auch wegen Panofskys eigener Zukunftspläne aufhorchen – hier manifestiert sich ein erstmaliges Ausstrecken jener Fühler, die sich kurze Zeit später als richtungsweisende Tastorgane in den rettenden Westen erweisen sollten:

> Und wie kriegt man (aber das ist weniger wichtig) die Aufforderung zu einem Vortragszyklus in Amerika, den ich nicht aus Ruhm- oder Geldgier, sondern aus ganz privaten Gründen ganz gerne mal haben möchte?

Private Gründe – hinter der ominösen Andeutung verbarg sich ein Liebesabenteuer, eine Affäre mit einer in den USA lebenden Dame.

Am 26. Oktober 1929 erschütterte ein unerwartetes Ereignis die Hamburger Kunstgeschichte: Warburg starb plötzlich an einem Herzanfall. Quasi über Nacht formulierte Panofsky für das »Hamburger Fremdenblatt« einen ausführlichen Nachruf, der bewies, wie genau er die Lebensprobleme und, vor allem, die Lebensziele des Mentors und Kollegen gesehen hatte, wie nah er ihm trotz aller Differenzen gewesen ist: Schon das Motto, Leonardos Diktum »Es kehrt nicht um, wer sich an einen Stern gebunden hat« entsprach in seiner poetischen Unbedingtheit genau Warburgs Persönlichkeit.

> Was sich [...] als die unmittelbare Strahlwirkung seines Wesens von selber ergab, war die Entstehung einer geistigen Gemeinschaft, die – sonderbarer Gegensatz – zugleich die Atmosphäre Europas und die Atmosphäre seines von ganzem Herzen geliebten Hamburg zur Voraussetzung hat: einer Gemeinschaft, deren Wirksamkeit sein Leben überdauern wird.[20]

Panofsky hat damals noch nicht ahnen können, welche Belastungsproben dieser Gemeinschaft bevorstanden – und welche bis heute anhaltende Wirkung Warburgs Projekt erzielen sollte.

Diejenigen, die Warburg besonders nahestanden – Fritz Schumacher, Gustav Pauli und Carl Georg Heise –, reagierten mit größter Anerkennung auf diesen Text. Ausdrücklich anerkennend äußerte sich Abys Bruder Max:

> Sehr verehrter, lieber Professor, Ich möchte Ihnen meine Bewunderung ausdrücken über den Nachruf, den Sie im Fremdenblatt meinem Bruder Aby gewidmet haben. Nur wer meinen Bruder so genau kannte, wie Sie, konnte in wenigen Worten seiner eigenartigen Persönlichkeit gerecht werden. – Er war nicht nur mein Bruder, sondern wie Sie wissen, eng mit mir befreundet und wir haben unser ganzes Leben, trotzdem wir an verschiedenen Häusern zimmerten, gemeinsam aufgebaut [...]. – Er hat immer ausserordentlich viel von Ihnen gehalten, und ich hoffe, daß Sie auch in Zukunft ihm treu bleiben und ich werde mich immer freuen, wenn Sie uns helfen werden, seine Arbeiten fortzusetzen.[21]

Fortsetzen ist das Stichwort: Die Bibliothek blieb – wenn auch mit reduziertem Etat, aber doch weiterfinanziert durch die Warburg-Brüder – bestehen, Saxl kehrte als ihr Leiter zurück und hatte wieder eine »Heimat«; Panofsky wurde in das Kuratorium gebeten, das ihre Geschicke lenken sollte. Alles lief in geordneten Bahnen weiter. Für das Lehrprogramm des Wintersemesters bediente sich Panofsky erneut aus den Reserven: Die Vorlesung trug den Titel »Albrecht Dürer und seine Zeit«, das jedermann offenstehende »Publicum« behandelte »Die Anfänge der neuzeitlichen Kunst um 1400«.

1930
»Trotz allem Heil und Sieg!«

Anfang des Jahres 1930 bezog Panofsky Stellung in einer Kontroverse, die sich an Heises Gips-Reproduktionen in der Lübecker Katharinenkirche entzündet hatte, nun aber weite Kreise zog. Ausgelöst hatte den Streit Max Sauerlandt, der Direktor des Hamburger Museums für Kunst und Gewerbe, der spätestens seit den Differenzen um die Dissertation von Ludwig Münz Panofskys deutlichen Unwillen erregt hatte. Anstatt mit einer »kurzen Stellungnahme«, zu der ihn die Redaktion der Hamburger Kulturzeitschrift »Der Kreis« aufgefordert hatte, trat er, wie zu erwarten, mit einer ausführlichen, grundsätzlichen Abhandlung in den Ring.[1] Das Thema interessierte ihn, wir erinnern uns, seit seinen Kindertagen, seit dem Besuch in jener Hannoveraner Ausstellung mit Originalen und Fälschungen, in der Panofsky seine ausgeprägte Fähigkeit zur Unterscheidung von Echt und Unecht entdeckt hatte. Sein Fazit? Gegen die Idealisierung des ästhetischen »Echtheitserlebnisses«, für die Herstellung exzellenter Kopien, die das Auge schulen. »Sollte es jemals dazu kommen«, so sein Schluss,

> daß niemand mehr zu dieser Unterscheidung fähig wäre, daß Menschenwerk und Maschinenwerk tatsächlich identisch geworden wären – dann wäre nicht sowohl das Kunst-Verständnis tot als viel mehr die Kunst; und sie wäre dann nicht an der Reproduktion gestorben.[2]

Heute, im Zeitalter des 3-D-Druckers, klingt dieser Satz wie eine Prophezeiung wider Willen.

Im März erschien, in den »Studien der Bibliothek Warburg«, endlich »Herkules am Scheidewege«, ein Buch, das allen, die es zugesandt bekamen (darunter der Nestor des Fachs, Wölfflin), Äußerungen der Bewunderung entlockte. Warum? Weil es Panofsky hier mit ungeheurem intellektuellen Aufwand gelungen ist, an zwei humanistischen Bildgegenständen, dem »Dreikopf« und eben dem zwischen Tugend und Laster hin- und hergerissenen mythologischen Helden Herkules, das »Wechselverhältnis zwischen Textüberlieferung und Bildüberlieferung« nachzuweisen. Mit der Anwendung seiner Ergebnisse auf ein Hauptwerk der Kunstgeschichte, Tizians »Himmlische und Irdische Liebe«, macht er gleichzeitig deutlich, dass er seinen Ansatz als einen exemplarischen, methodischen versteht. Wer sich, diese Erkenntnis verbirgt sich zwischen den Zeilen, der Warburg-Saxl-Panofsky-Methode verschließt, wird zumindest *historischen* Kunstwerken nicht gerecht – bei Renoirs »Pfirsichen« dagegen, so Panofsky im Vorwort, wäre es verfehlt, nach tieferen Bedeutungen, anderen Sinnschichten als derjenigen der malerischen Gegenstandsbeschreibung zu suchen. Dass ihn sein Interesse an Motiven, an »Typen« auch in entferntere Sphären begleiten wird, zeigt sein 1936 zuerst erschienener, 1947 noch einmal in überarbeiteter Form publizierter, bahnbrechender Aufsatz über den Film, in dem

> die wohlbekannten Typen des Vamps und des Mädchens mit dem Herzens am rechten Fleck […] als vielleicht die überzeugendsten modernen Entsprechungen der mittelalterlichen Personifikationen der Tugenden und Laster

identifiziert werden, die es bis in die Gegenwart geschafft haben.[3]

Danach ging es erst einmal in die Ferien: Zunächst stand ein Besuch in Freiburg bei Walter Friedlaender auf dem Programm, mit dem Panofsky befreundet war, seit er bei ihm in Freiburg studiert hatte: Der um fast zwanzig Jahre Ältere war zu Panofskys großem Kummer und zu seiner Beschämung über die Karrierestufe des außerordentlichen Professors nicht hinausgekommen – natürlich hatte sich auch bei ihm die jüdische Abstammung bemerkbar gemacht. Von Freiburg aus ging es zum Skilaufen auf den Feldberg im Schwarzwald – ohne die Familie. »Wenn ich nicht Ski fahre oder schlafe«, so berichtete er Dora, »schreibe ich ›Melancholie‹, die allmählich doch auf den Schwung zu kommen scheint oder lese die phänomenale Autobiographie von André Gide, die mir Friedlaender geborgt hat […].«[4] In Hamburg bereitete Fritz Saxl, nunmehr offizieller Leiter der K.B.W., eine Ausstellung über die Geschichte des Sternglaubens und der Sternkunde vor, die Warburg noch für das Hamburger Planetarium im Wasserturm geplant hatte. Panofsky erklärte sich bereit, nicht ohne kritische Kommentare zu dem Gesamtunternehmen, den Text zu Dürers »Melancholie-Stich« beizusteuern. Sein Brief an Saxl endete mit der bekannten, hier ironisch verkehrten Grußformel, die damals bereits in nationalsozialistischen

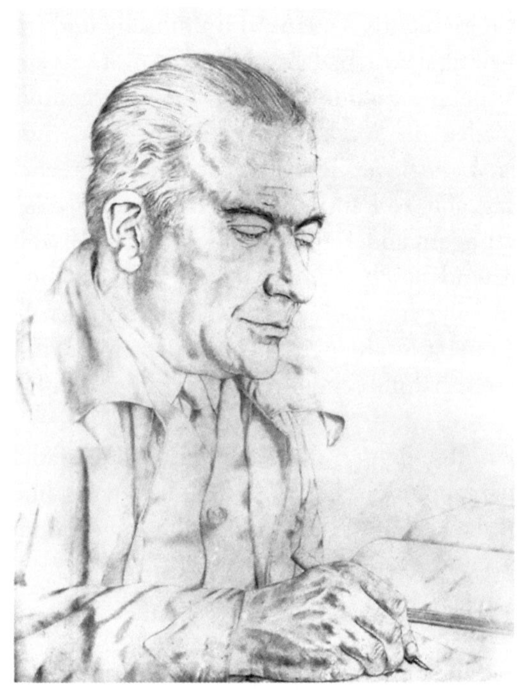

Wilhelm Heckscher: Porträt von Erwin Panofsky im Habitus des Erasmus von Rotterdam, Handzeichnung (1935)

Kreisen üblich geworden war – und die in diesem Kontext einen deutlichen Hinweis auf die sehr genau wahrgenommene prekäre politische Situation enthielt: »Trotz allem Heil und Sieg!«[5]

Man muss sie sich quälend vorstellen, diese Jahre der Ungewissheit, der latenten Bedrohung, der wachsenden Desillusionierung. Und doch, was konnte man tun als weitermachen? Im Sommersemester 1930 las Panofsky über Albrecht Dürer. Die Übungen für Fortgeschrittene veranstaltete er gemeinsam mit Saxl in der K.B.W. Eine gute Ergänzung boten die Lehrveranstaltungen von Tolnais, der über »Michelangelo II« las. Aus dem Nichts tauchte ein neuer Adept auf – Wilhelm Heckscher, der, eigentlich Maler und mit dem Porträt Gustav Paulis beauftragt, so fasziniert war vom funkelnden Intellekt Panofskys, dass er umgehend das Abitur nachholte, ein Studium der Kunstgeschichte begann und diesem ein Leben lang eng verbunden blieb.

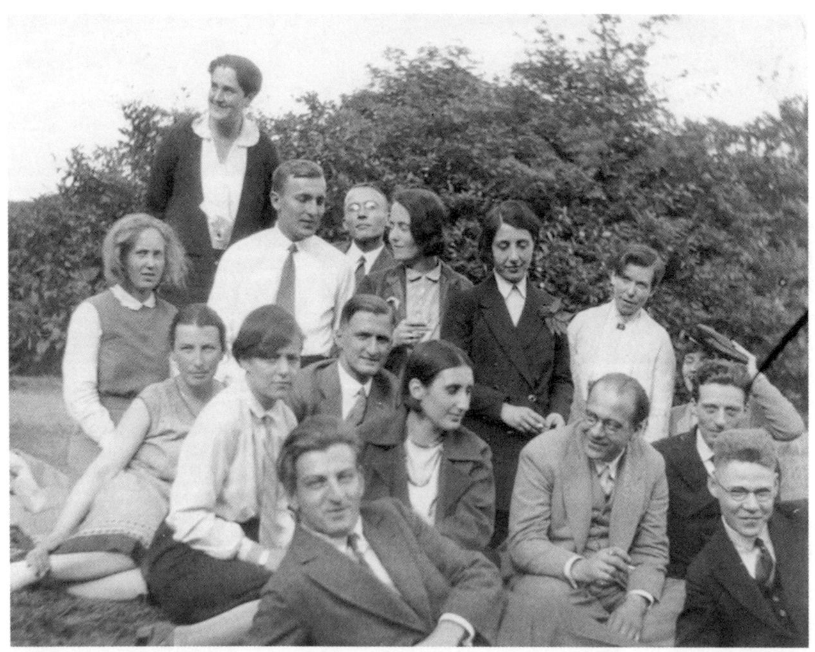

Seminar-Ausflug, Juli 1930
Von links nach rechts, hintere Reihe: Frau Hoffmann, unbekannt, Walter Horn, Robert Oertel, Elisabeth Brauer, Rina von Tolnai, Dora Panofsky, Pia von Reutter (versteckt hinter Karl von Tolnai); mittlere Reihe: unbekannt, Erna Mandowsky, Albert Oberheide, Helen Rosenau, Erwin Panofsky, Karl von Tolnai; vorn liegend: Rudolf Hoffmann, unbekannt

Das Foto einer Exkursion »mit Damen«, die zu Semester-Ende stattfand, zeigt diesen als entspannt im Gras sitzenden, rauchenden Professor samt Ehefrau im Dreiteiler inmitten einer angeregten Schülerschar.[6] Es illustriert die produktive Nähe zwischen akademischen Lehrern und Schülern in dieser sehr besonderen akademischen Gemeinschaft, die als »Hamburger Schule« in die Geschichte eingegangen ist. Es illustriert aber auch, wie sehr sich Dora inzwischen äußerlich »vermännlicht« hatte. Die Mode ihrer Zeit noch übertreffend, trug sie konsequent Herrenkleidung aus Anzug, Krawatte, flachen Schuhen und einen radikalen Kurzhaarschnitt. In der Familie wurde sie »Jacob« genannt. Ihr Rollenmodell, daraus hat sie nie ein Geheimnis gemacht, war nicht das einer den Professorenhaushalt führenden Hausfrau und Mutter. Gerne wäre sie berufstätig gewesen. Ein Leben

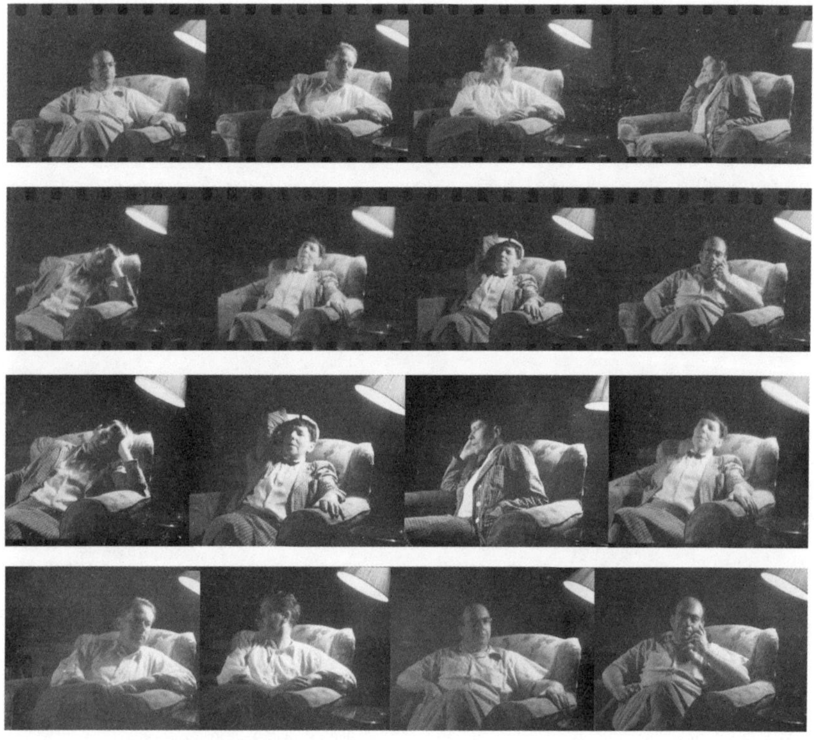

Erwin Panofsky, Dora Panofsky und Wilhelm Heckscher,
vermutlich entstanden in Panofskys Wohnung in der Alten Rabenstraße 34 (nach 1930)

lang schrieb Dora nicht nur Briefe und andere Texte ihres Mannes auf der Schreibmaschine, sondern blieb auch selbst kunsthistorisch aktiv. Erst in den USA aber gelang es ihr ab 1943, mit eigenen Publikationen ein bisschen aus dem Schatten des Gatten herauszutreten; in den späten fünfziger Jahren verfassten »Pan« und »Dora« ein gemeinsames Buch, eine Untersuchung zum mythologischen Themenkomplex von »Pandoras Box«.[7]

Am 13. September tagte in Hamburg der Amerikanisten-Kongress. Die K.B.W. lud die Teilnehmer zu einem Empfang – wurden hier die Weichen gestellt für Panofskys Einladung zu einem Gastsemester an die New York University? Zumindest hat dieser es öfters dankbar vermerkt, dass ihm die Verbindungen Warburgs und Saxls den Weg in die USA geebnet hätten. Panofsky selbst war mit der Vorbereitung des

Vierten Kongresses für Ästhetik und Allgemeine Kunstwissenschaft beschäftigt, der vom 7. bis 9. September unter dem Vorsitz Ernst Cassirers in Hamburg tagte; als Thema hatte man sich »Raum und Zeit« gewählt. Vom 20. bis zum 29. September nahm ein weiterer Kongress Panofskys Zeit und Nerven in Anspruch, der Internationale Kunsthistoriker-Kongress in Brüssel. Seine launigen Schilderungen an Dora vermitteln eine äußerst diffizile wissenschaftspolitische Situation, bei der sowohl der Umstand eine Rolle spielte, dass Deutschland den Ersten Weltkrieg verloren hatte, als auch der, dass es sich eigentlich nicht offiziell durch jüdische Vertreter repräsentiert fühlen wollte, während diese aber (wie Max J. Friedländer und Panofsky selbst) fachlich eine so große Rolle spielten, dass man sie nicht übergehen konnte. Sein Fazit: »Jetzt überläßt die Regierung alles der überwiegend jüdischen Delegation, damit hinterher alle Verantwortung abgelehnt werden kann. Genau wie damals bei den Waffenstillstandsverhandlungen!«[8]

Im Wintersemester 1930/31 amtierte er dann doch als Dekan der Philosophischen Fakultät, mit Amtszimmer im Hauptgebäude und Lehrbefreiung. Ihn vertrat der neue Privatdozent Werner Burmeister, der sich gerade in Hamburg mit einer Arbeit über »Die norddeutsche mittelalterliche Backsteinkunst und ihre Beziehungen zu Westeuropa« habilitierte. Methodisch und thematisch nahm er eine Gegenposition zur Humanismusforschung Warburg-Panofsky'scher Prägung ein. Hugo Buchthal beschreibt, wie es dazu kam:

> […] ein Mecklenburger, dessen Spezialgebiet norddeutsche gotische Architektur des Mittelalters, also Backsteingotik, war. Er hatte wenig publiziert und war als völlig Unbekannter an Panofsky herangetreten mit dem einleuchtenden Argument, daß es doch unrecht sei, daß an der führenden norddeutschen Universität so wenig deutsche, und vor allem norddeutsche Kunst gelehrt werde – ein Argument, das Panofsky sofort zugestand und das dem jungen Backsteinspezialisten den Weg zur Habilitation öffnete. Er war ein wahrhaft bedauernswerter Mensch, war im Krieg durch eine schwere Verletzung mitten im Gesicht völlig entstellt und dann mit den sehr bescheidenen Mitteln der damaligen plastischen Chirurgie wieder zusammengeflickt worden.[9]

Es ist zu fragen, ob seine politischen Überzeugungen in diesem Moment schon so offenbar waren wie wenige Jahre später, wo er 1933 zu denjenigen gehörte, die zum »Bekenntnis der Professoren an den deutschen Universitäten und Hochschulen zu Adolf Hitler« aufriefen. Panofsky mag es als Erleichterung empfunden haben, dass im Dezember das College of Fine Arts der New York University ihn offiziell zu einem oder zwei Gastsemester einlud.

1931
Zwischen Hamburg und New York

In einem langen Brief an Vöge gab Panofsky Anfang des Jahres wieder einmal eine fachliche Positionsbestimmung ab: Wo dieser »das Leben der großen Kunstwerke beschwören [könne], ohne es zu zerstören«, habe er selbst im großen Boden des kunsthistorischen Arbeitsfeldes eine Ecke gefunden, auf der er etwas herumackern könne:

> die Ecke, wo das Zusammentreffen von Worttradition und Bildtradition untersucht, und durch die gleichzeitige Anwendung typengeschichtlicher und philologischer Methoden eine bestimmte Form ›ikonologischer‹ Erkenntnisse gewonnen werden kann. [1]

Panofsky also ackerte, keine Frage. Doch erzählen die mageren Quellen, die uns zur Verfügung stehen, um sein Leben zu beschreiben, in jener Zeit noch von einer anderen Lebenssphäre. Denn er arbeitete nicht nur, er verliebte sich auch. Zumindest hatte er Affären. 1931 war er eine intensive Beziehung mit seiner Studentin Pia von Reutter zu Kaltenbrunn eingegangen. Die Konstellation war wie gemacht für einen Roman oder einen jener Kinofilme, die Panofsky sich damals gerne und oft anschaute. Pias Vater bekleidete den Posten eines Sekretärs am ungarischen Konsulat, später den des Konsuls. Sie war achtundzwanzig, er neunundreißig. Sie entstammte einer adeligen Familie, er einer jüdischen. Sie war ledig, er seit gut fünfzehn Jahren verheiratet, er war Professor, sie wollte bei ihm promovieren. Dass die Liaison nicht ganz dem comme il faut entsprach, war zumindest ihm bewusst. Im März 1931 ist er ihr »sehr dankbar für die Erwiderung (darf ich das sagen?) eines so ungehörigen Gefühls, wie es die Liebe eines alten Professors zu einer ›Schülerin‹ ist«.[2] Die Beziehung dauerte, wenn man aus den erhaltenen Briefen schließen darf, ein bis zwei Jahre; als man viele Jahre später die Korrespondenz, jetzt zwischen Hamburg und Princeton, wieder aufnahm, waren beide zur förmlichen Anrede des »Sie« zurückgekehrt.

Im Sommersemester 1931 amtierte Panofsky weiter als Dekan. Dennoch las er in Hörsaal C über »Künstlerische Strömungen im italienischen Barock« und veranstaltete gemeinsam mit Saxl eine Übung in

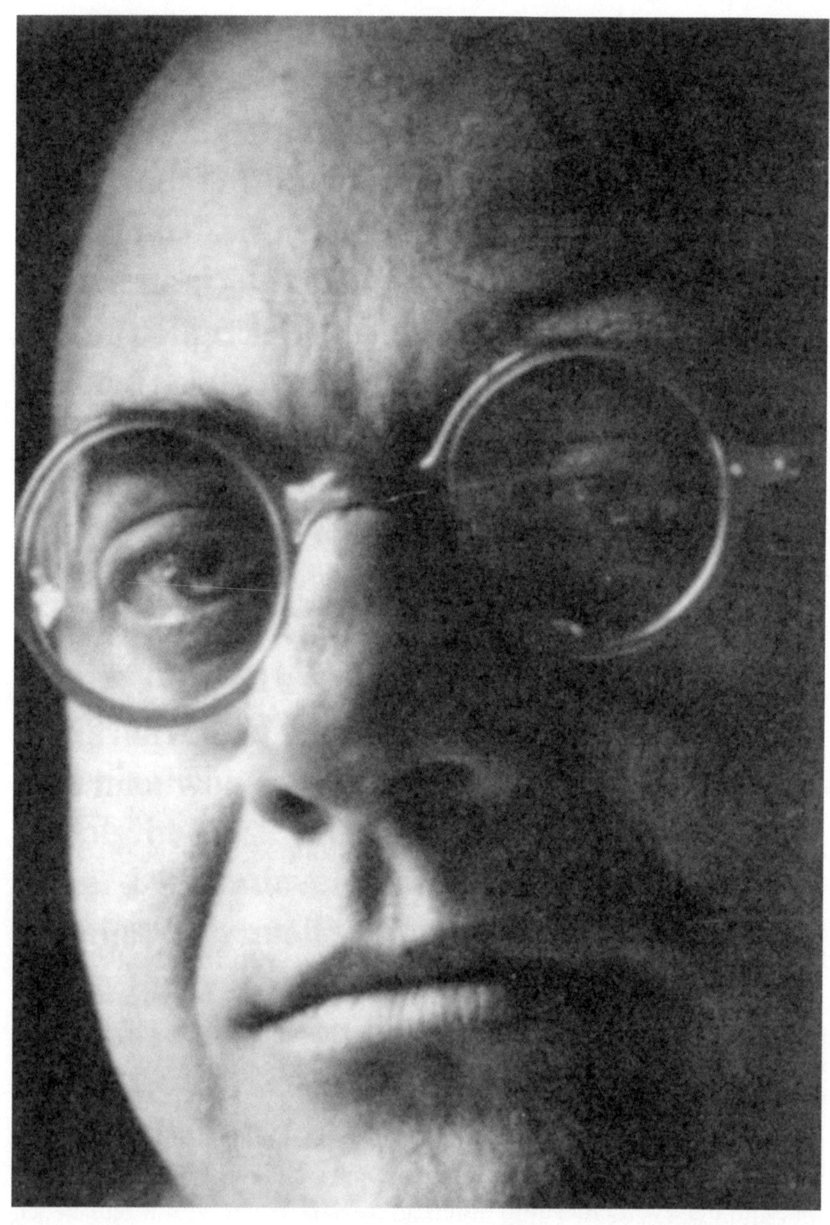

Erwin Panofsky (Juni 1933), fotografiert von seinem Schüler Horst W. Janson

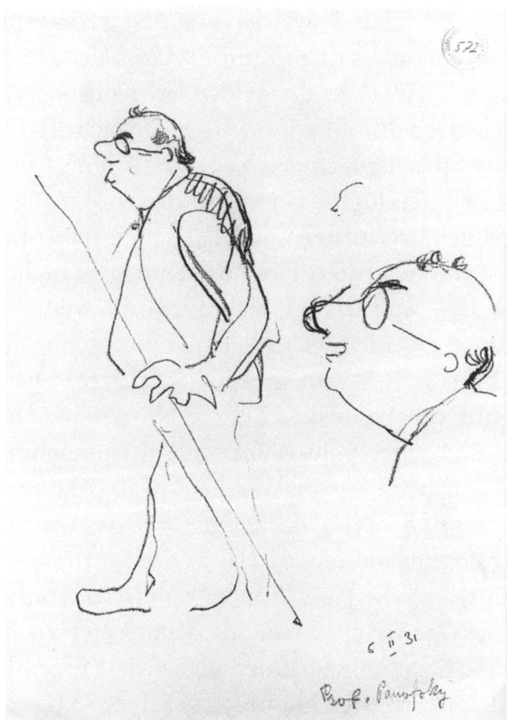

Erwin Panofsky im Hörsaal (5. Februar 1931)

der K.B.W. zur Quellenkunde in der Kunstgeschichte, während von Tolnai sich der offenbar unvermeidlichen »altniederländischen Kunst« annahm; er hatte über Hieronymus Bosch promoviert. Inzwischen bewegte sich das Jahr in seinem beruhigend gleichförmigen Rhythmus aus Arbeitswochen in Hamburg und vorlesungsfreier Zeit, die Raum für Reisen ließ, voran. Einen Teil der Semesterferien verbrachte Panofsky zusammen mit Dora zur Erholung auf Ischia. Dann reiste er, wohl allein, nach Rom weiter, wo er – im Augenblick emotional ziemlich engagiert – eine Nachricht von Pia vorzufinden hoffte.[3] »Liebste, süßeste Pia« – so beginnt sein Anfang April aus Rom an sie gesandter Brief, in dem von einer ihm auferlegten Karenzzeit, von ihrem neuen Kleid, mehr noch aber vom Thema ihrer Doktorarbeit die Rede ist, denn »Piissima« promovierte über das Thema der Marienkrönung – und da bot Rom natürlich reiches Material.[4]

Am 20. Mai 1931 hielt Panofsky vor der Kieler Ortsgruppe der Kantgesellschaft einen Vortrag »Zum Problem der Beschreibung und Inhaltsdeutung von Werken der bildenden Kunst«. Noch nicht mit seiner 1932 erfolgten Publikation in der Zeitschrift »Logos«, wohl aber mit seiner englischsprachigen Veröffentlichung 1939 im Sammelband »Studies in Iconology« avancierte dieser Vortrag mit dem ihm zugrunde liegenden dreistufigen, tabellarischen Interpretationsmodell zu einem der einflussreichsten Texte der Kunstgeschichte überhaupt. Zu Hause kam es – und das ist wichtig für die weitere Entwicklung der Geschichte – zu einem erheblichen Dissens mit Saxl. Der nunmehrige Leiter der K.B.W. muss etwas auszusetzen gehabt haben an der Ankündigung von Panofskys Lehrveranstaltungen für New York, war vielleicht auch eifersüchtig. Gertrud Bing vermittelte, und Panofsky fühlte sich bemüßigt zu versichern, dass er seine amerikanischen Absichten mit Saxl besprochen hatte (woran er sich auch genau erinnerte); er habe angenommen, dass es der Warburg-Bibliothek gerade angenehm wäre, »[…] auf ihre Spezialinteressen durch einen der sich bis zu einem gewissen Grade als Mitarbeiter zu betrachten gewohnt sei, im Auslande hingewiesen zu sehen«. Eigentlich, so erfuhr Panofsky in einem klärenden Gespräch, warf ihm Saxl eine mangelnde Interessiertheit an seinen Arbeiten und den Unternehmungen der K.B.W. überhaupt vor. Er selbst fühlte sich aber, umgekehrt, durch die »esoterische Behandlung der Dinge« in der K.B.W. selbst manchmal ausgeschlossen.[5] Die üblichen Missverständnisse – oder Einleitung einer grundsätzlichen Entfremdung, die weitreichende Folgen haben sollte? Wir werden sehen.

Davon abgesehen – im September 1931 erschien in der Hamburger Avantgarde-Kulturzeitschrift »Der Querschnitt« einer der ungewöhnlichsten und witzigsten Texte, die je von einem Kunsthistoriker verfasst worden sind: ein geistreicher Scherz, hinter dessen Autor »A.F. Synkop« Panofsky nur zu leicht zu erkennen war. Der Titel: »Sokrates in Hamburg oder vom Schönen und Guten«. Der Text hat die Gestalt eines fiktiven Dialogs zwischen dem Hamburger Philosophen Sokrates und seinem Freund Phaidros. Erst kürzlich sei das Manuskript, so behauptet es der Autor, in der »erzbischöflichen Bibliothek zu Bergedorf« entdeckt worden.

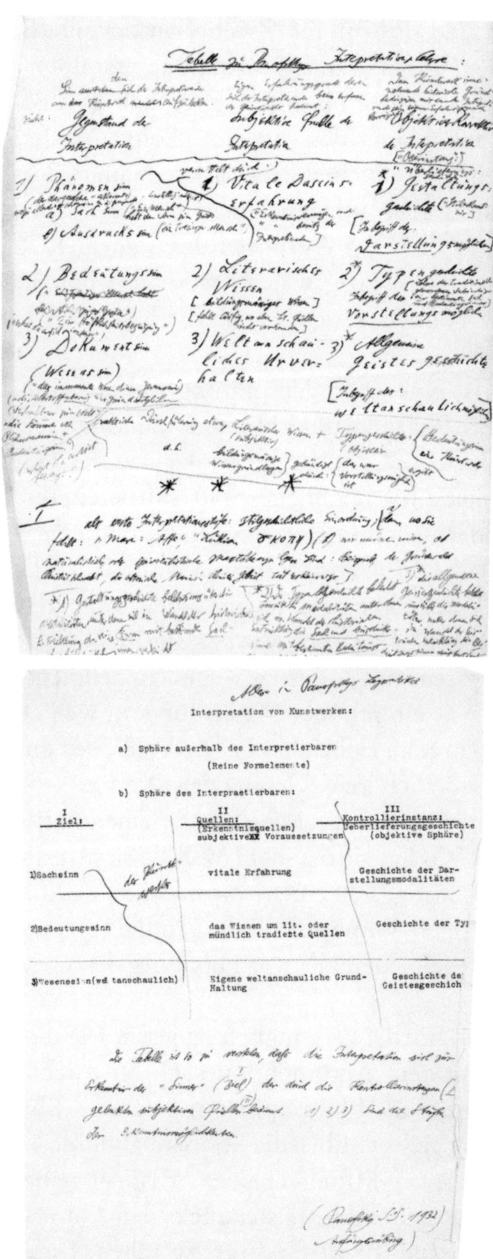

Interpretation von Kunstwerken:

a) Sphäre außerhalb des Interpretierbaren

(Reine Formelemente)

b) Sphäre des Interpraetierbaren:

I Ziel:	II Quellen: (Erkenntnisquellen) subjektive Voraussetzungen	III Kontrollierinstanz: Ueberlieferungsgeschichte (objektive Sphäre)
1)Sachsinn	vitale Erfahrung	Geschichte der Darstellungsmodalitäten
2)Bedeutungssinn	das Wissen um lit. oder mündlich tradierte Quellen	Geschichte der Ty
3)Wesensein(weltanschaulich)	Eigene weltanschauliche Grund-Haltung	Geschichte de Geistesgeschich

Tabellen zu Panofskys Interpretationsmodell, Mitschrift von Wilhelm Heckscher

Bekanntlich sind des öfteren Zweifel an der überlieferten Ansicht laut geworden, die Hamburgs Gründung erst unter Karl dem Großen stattfinden läßt. Einige Forscher haben z.B. den Ursprung Hamburgs auf Ham, den zweiten Sohn Noahs, zurückführen wollen, indem sie sich einerseits auf die Namensentsprechung stützen, andrerseits aber auf den Umstand, daß Ham beim Abschluß des Bundes, in dem das Aufhören des 40tägigen Regens stipuliert wurde, nicht gegenwärtig war; es wäre also mit dieser Hypothese nicht nur der Namen, sondern auch das Klima der Freien und Hansestadt erklärt.

Gleichwohl ist eine andre Vermutung wahrscheinlicher, die Hamburg mit dem Phäakenlande Homers identifizieren möchte. Denn nicht nur allgemeinere Charakteristika wie der Hang zur Seefahrt und die Vorliebe für reichliches und gut bereitetes Essen stimmen überein, sondern auch in Einzelzügen besteht eine Verwandtschaft, die kaum zufällig sein kann. Nausikaa will z.B. auf keinen Fall zulassen, daß ihr Vater ohne tadellos behandeltes Oberhemd in die Ratsversammlung geht, [...] und, was das merkwürdigste ist, sie weigert sich, den Odysseus mit auf ihren Wagen zu nehmen, nicht weil er ein Mann, und zwar ein schöner Mann, sondern weil er ›kein Hiesiger‹ ist. ›Denn es spräche vielleicht ein Niedriger, der uns begegnet‹
– so sagt sie wörtlich im 6. Gesang der Odyssee –
›Seht doch, was hat sich das Mädchen für einen stattlichen Fremdling
Aufgegabelt? Wo hat sie den her? Will sie sich verloben?
Ja, die hatte es nötig, sich einen von auswärts zu holen,
Da sie die hiesigen Söhne aus bester Familie verachtet!‹
Wie dem auch sei: jedenfalls war Hamburg den Griechen bekannt.[6]

Noch heute ist es höchst vergnüglich zu lesen, wie die beiden Freunde eine Ausfahrt mit dem Automobilon nach Nienstedten unternehmen wollen und darüber ins Philosophieren geraten – über das Gute, das Schöne und nicht zuletzt über die Straßenbahnlinie 19, die (1926 eingestellte) sogenannte »Mittelweglinie«. Es liegt nahe, in den beiden Hauptfiguren dieses kleinen Meisterstücks den Autor selbst und seinen Kollegen und Freund, Ernst Cassirer, zu sehen: Der Kunsthistoriker beschäftigt sich mit dem »Schönen«, der Philosoph mit dem »Guten«. Fragt man aber nach den Hintergrundbotschaften von »Sokrates in

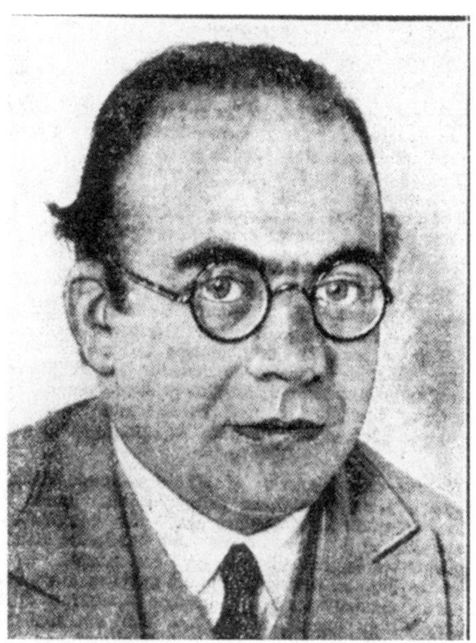

Erwin Panofsky: Pressemitteilung mit Porträt im Hamburger Anzeiger (2. Oktober 1931)

Hamburg«, so wird man zwei uns schon bekannte Themen in neuer Verpackung wiederfinden: Einerseits Panofskys Begeisterung für die Spezifika hanseatischen Denkens und Fühlens und den deutlich spürbaren Wunsch, in Hamburg Wurzeln zu schlagen. Andererseits seine hier selbstironisch zur Anschauung gebrachte Neigung zur Entdeckung antiker Spuren an Orten, wo man sie bisher nicht vermutet hatte – man erinnere sich an seinen Vortrag zur »Antike in der Nordischen Gotik«.

Worum ging es bei dieser Einstellung des inneren Suchscheinwerfers auf die Spuren, auf das »Nachleben« der Antike? Wie für Warburg stellte auch für Panofsky der Nachweis von Bewegungen, von Austauschprozessen zwischen den großen Kunsträumen, vom gleichberechtigten Geben und Nehmen zwischen Norden und Süden ein identitätsstiftendes Element dar. Die klassische Antike bildete den gemeinsamen Referenzrahmen für kulturelle Entwicklungen im gesamten Europa inklusive des gesamten Mittelmeerraums. In einem Moment, in dem das offizielle Deutschland diese auf Ausgleich und Konsens angelegte Position zu bekämpfen begann zugunsten einer Auffassung, die dem Nordisch-Germanischen und der Verwurzelung in der Scholle eine Superiorität einräumte, enthielt die Vorstellung,

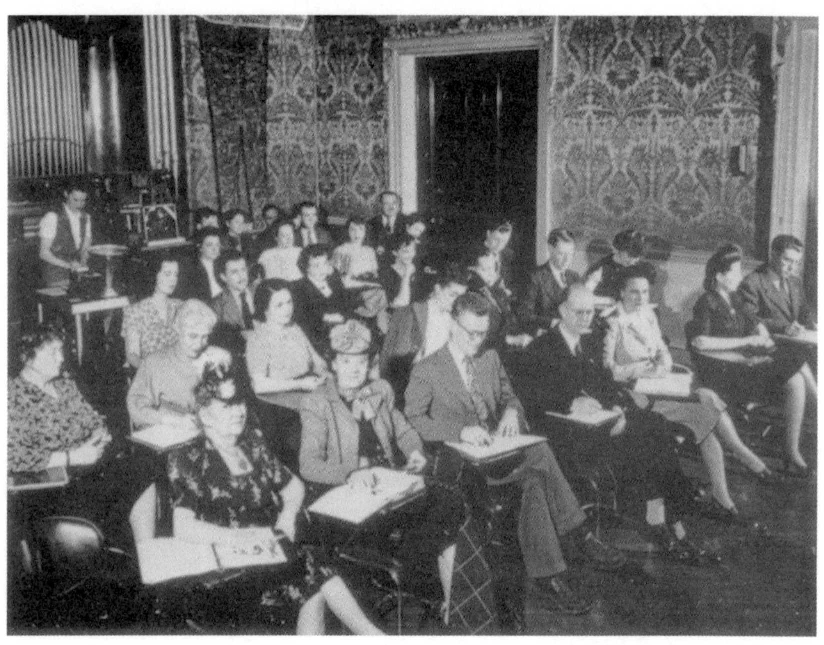

Lehrveranstaltung in New York, 1931, '32 oder '33

Hamburgs Gründung ginge auf einen Protagonisten des Alten Testaments oder einen griechischen Volksstamm zurück, einen bitter-augenzwinkernden Kommentar zur gesamtpolitischen Lage.

Irgendwann in dieser Zeit muss er übrigens in die Steinthal-Loge eingetreten sein, eine jüdische Freimaurerloge mit karitativen Zielen, deren Zusammenkünfte regelmäßig im Logenhaus in der Hartungstraße (heute Kammerspiele) stattfanden. In ihrem Mitgliederverzeichnis aus dem Jahr 1932/33 firmiert Panofsky als Mitglied des »Ausschusses für geistige und soziale Interessen«.[7]

Nun aber erst einmal New York: Die Überfahrt auf einem Schiff der Hapag-Reederei, der nach dem Gründer des Unternehmens benannten »Albert Ballin«, begann Mitte September in Cuxhaven, und sie gestaltete sich durchaus angenehm – vor allem die üppigen Mahlzeiten erfreuten den reisenden Gourmet: »Ich bin doch nicht dick«, pflegte dieser von sich zu sagen, »aber die Leute halten mich dafür – und das ist die Tragik meines Lebens.«[8] Die Kabine – oder zumindest ein Upgrade – verdankte Panofsky der Intervention von Max Warburg, der

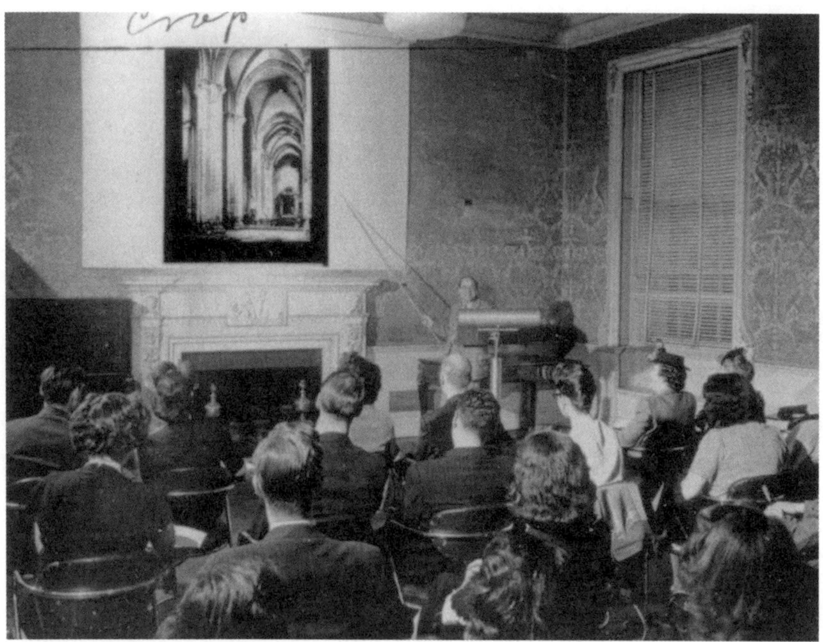

seit langem im Aufsichtsrat der Hapag saß. Am 28. September 1931 begannen die Lehrveranstaltungen in New York: eine – öffentliche – Vorlesung und zwei Seminare. Mühsam hatte Panofsky den Text ins Englische übersetzt. Thema der Vorlesung war »Dürer as Artist and Thinker«. Die Seminare galten der »Classical Mythology in the Art of the Middle Ages and of the Early Renaissance in the Northern Countries« sowie »Medieval Sculpture«.[9]

Man macht sich nur eine vage Vorstellung davon, wie schmerzhaft es für diesen leidenschaftlichen akademischen Lehrer gewesen sein muss: In Hamburg begann das Wintersemester ohne Panofsky. Das Amt des Dekans ging auf Wilhelm Flitner über. Burmeister lehrte über die Baukunst des Barock, Saxl – ein Novum im Curriculum – über die »Geschichte der venezianischen Malerei« sowie die »Spanische Malerei im Zeitalter des Greco und Velasquez«. Panofsky genoss derweil auf der anderen Seite des Ozeans die Gesellschaft seiner »hiesigen schönen Freundin, die mir rührenderweise die ganzen Jahre treu geblieben ist, ›pendant son mariage‹.«[10] Aber auch von der freundlichen Aufnahme einerseits durch die Studenten, andererseits durch die New

Yorker Gesellschaft – »die hiesigen Milliardäre« – war er durchaus angetan.[11] Besonders wohl fühlte er sich im Hause des Direktors des Museum of Modern Art, Alfred Barr, zu dessen Frau Daisy sich eine innige Freundschaft entwickelt hatte. Und überhaupt:

> [...] ich persönlich komme übrigens mit den christlichen (Milliardären) besser aus, da sie zu einem einen ganz festen Abstand haben, der bei gutem Willen durchaus überbrückbar ist, während die reichen Juden einem armen Juden gegenüber stets selbst unsicher sind: sie empfinden ihn ›als einen von unseren Leuten‹ und sind onkelhaft-zutraulich, und dann fällt ihnen plötzlich ein, daß doch schließlich Unterschiede sein müssen, und daß jener sie bei allzugroßer Intimität anborgen könne, und werden förmlich (sozusagen die Aristotelische Verbindung von Furcht und Mitleid).[12]

Gleichzeitig beobachtete er jedoch die politische Situation in der Heimat mit zunehmender Sorge – schon im Dezember rechnete er damit, so heißt es in einem Brief an Pia, »dass die Nazis bald regieren« und er »Privatmann sein wird«.[13] Den Jahreswechsel verbrachte er im idyllischen Princeton – nicht ahnend, dass dies bald für immer sein Zuhause werden würde.

1932
Die näher rückende Bedrohung

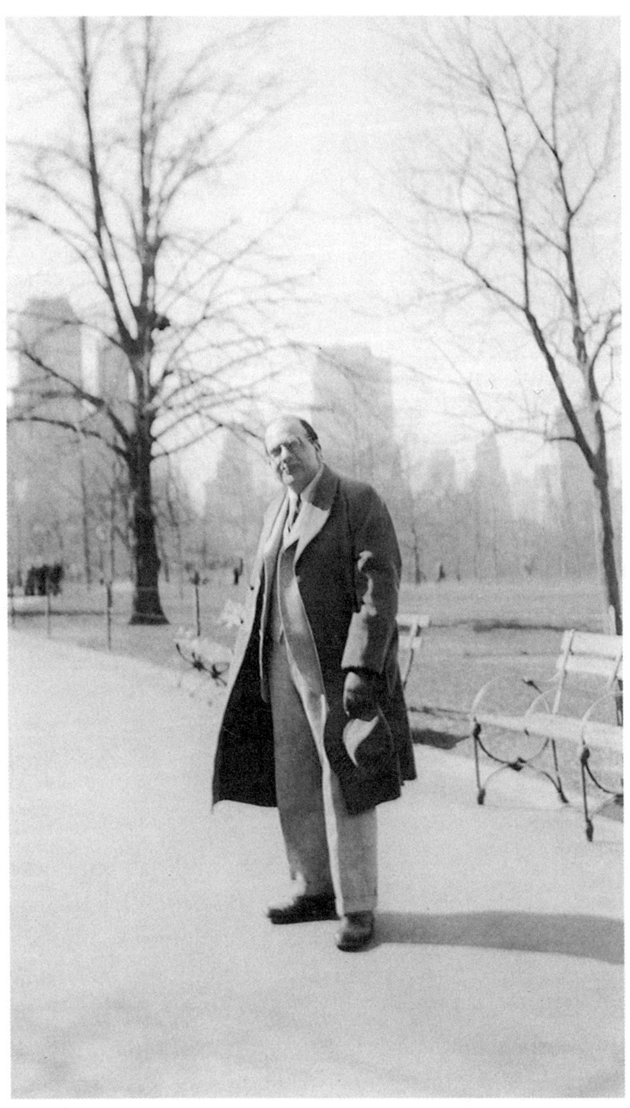

Erwin Panofsky in New York (vermutlich 1932)

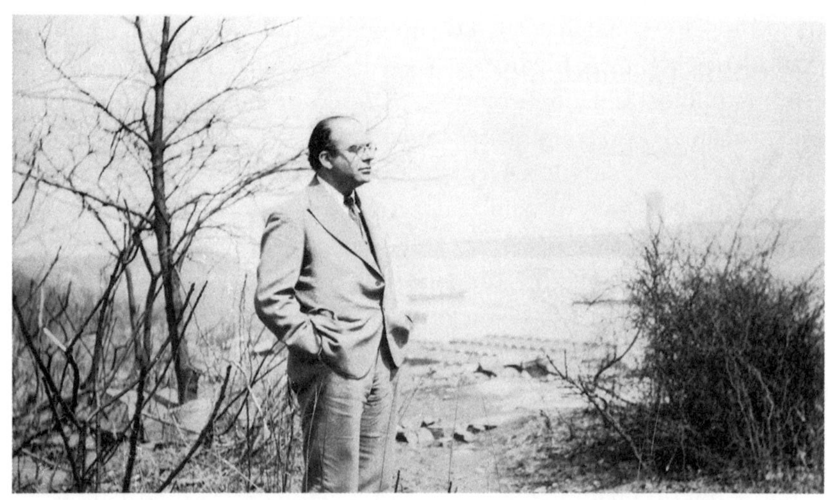

Erwin Panofsky in New York (vermutlich 1932)

In New York kam Panofsky mit seiner Art, Kunstgeschichte zu betreiben, weiter gut an: »Gerade weil«, so schrieb er am 1. Februar 1932 an Dora,

> die Leute hier nicht so stark in die Wölfflin-Pinder-Anschauung hineingewachsen sind, haben sie es leichter, unsere, das Inhaltliche und Allgemein-Geistige miteinbeziehenden Methoden sachlich zu würdigen und zu bejahen. Manche verstehen natürlich gar nichts – aber andere [...] begreifen ohne weiteres, dass Formal-Analyse nur eine Hälfte der Sache ist.[1]

Anfang März war er in Hamburg zurück, und das Sommersemester nahm seinen Lauf. Als ob er Sehnsucht nach den »Originalen« gehabt hätte, veranstaltete er zunächst eine zehntägige Seminarexkursion nach Westfalen, ins deutsche Mittelalter; Stationen waren Münster, Osnabrück, Paderborn, Soest.[2] Zusammen mit Saxl bot er in der Warburg-Bibliothek eine Übung zur Quellenkunde an. Das Thema seiner Vorlesung behandelte ein in Hamburg ganz neues Gebiet: »Französische Kunst des 17. und 18. Jahrhunderts«. Karl von Tolnai ergänzte das Tableau durch eine Vorlesung zur französischen Kunst des 19. Jahrhunderts, und Burmeister präsentierte »Die Kunst des späten Mittelalters in Deutschland (unter besonderer Berücksichtigung Norddeutschlands)«. Heute liest sich das harmlos und eher einleuchtend: »in Deutschland (unter besonderer Berücksichtigung Norddeutschlands)« – warum nicht? In der Rückschau aber ist es klar, dass sich damit ein völkisches Denken im Hamburger Curriculum etablierte, welches sich sehr bald zu einem stramm nationalsozialistischen Programm auswachsen würde. Der Lehrplan bildete die politischen Fronten ab: Einerseits die Orientierung am Humanismus und damit einer gesamteuropäischen integrativen Versöhnung selbst mit dem »Erbfeind« Frankreich ermöglichenden Weltanschauung, andererseits die Verengung auf Deutschland und – was bald offen ausgesprochen werden sollte – die »arische Rasse«.

Eine Postkarte mit der Ansicht von Fehmarn – am 26. Juni 1932 an seine Schülerin Heidi Heimann in Berlin geschickt – verrät Panofskys zunehmende Illusionslosigkeit.

> Liebes Frl. Heimann, vielen Dank für Ihren Brief und die wirklich schöne Allegorie auf den Objektivismus. Leider bin ich nicht in Fehmarn, sondern in Hamburg, wo das Semester qua Kunsthistorie sehr nett ist. Universitätspolitisch dagegen versuche ich, eine von vornherein verlorene Schachpartie möglichst anständig zu Ende zu spielen. Im dritten Reich bin ich sicher der erste, der ›will be fired‹. Freuen wir uns aufs vierte! Herzliche Glückwünsche zur ›Drucklegung‹! Und viele Grüße von Ihrem E.P. + Frau.

In einem Brief an Walter Friedlaender heißt es, dass

> der Sieg der allgemeinen Barbarei entschieden ist […] ich habe mich ziemlich exponiert und werde wohl unter den ersten sein, die bei der endgültigen Machtübernahme durch die Idioten gegangen werden.[3]

Ziemlich exponiert, das hieß etwa, dass er sich in den universitären Gremien sehr entschieden gegen die Einführung von »Wehrsport«- und »Strategie«-Veranstaltungen ausgesprochen hatte.[4] Wie gewöhnlich erholte sich Panofsky vom anstrengenden Semester an der See; diesmal weder auf Sylt noch auf Fehmarn, sondern auf der dänischen Insel Bornholm, um »vor Hakenkreuz und Kunstgeschichte« zu

Besprechung mit Panofsky Anfang Oktober 1932

Besprechung über mein durch das angekündigte erscheinen eines Werkes von A. von Schneider ueber Niederländische Caravaggisten hinfälliggewordenes Doktorarbeitsthema. Er riet mir, im Falle, dass ich mich dezidiert von dem Thema abwenden sollte, an Professor Vogelsang zu schreiben und ihn zu instruieren, dahingehend.
Bei der Wahl eines neuen Doktorarbeitsthemas machte ich den Vorschlag:Alciati. Er schien aber Panofsky einerseits z u sehr auf glückhaften Funden zu beruhen(Verbindung zur zeitgenössischen Malerei, wie er, Panofsky selber eine Darstellung von Eros und Antheros auf ein Gedicht und einen Schnitt bei Alciati zurückführen konnte), andrerseits ein Thema, das z u wenig kunsthistorische Probleme böte. Als ich ihm daher Geoffroy Tory vorschlug, fand er das umso interessanter, zumal er glaubte daß das Thema seit langem nicht Beachtung gefunden hätte. "Weiterbauend auf Giehlow und Volkmann" meinte er müsse man das Thema anfassen. Er nannte mir dann verschiedene Literatur dazu und riet mir, mich mit dem Verlag von Thieme & Becker in Verbindung zu setzen, wo man für Fünf Mark eine Auskunft ueber inzwischen neu eingegangene Literatur ~~einsehen~~ könnte. (erhalten)
Ein Meister GA mit dem Bischofsstab, der früher mit Tory identifiziert wurde, von dem sich Blätter,wenn auch nicht vollständig,in der Kunsthalle befinden, wurde früher mit Tory identifiziert. Panofsky hat ihn im Herkules am Scheidewege behandelt. Panofsky möchte gerne das Thema im Rahmen der Franzosen behandelt sehen, die damals durch die französich - italienisch Kontakte und Beziehung (via Meiland etc.) nach Frankreich hinueberleiteten und deren Beziehungen sich ja auch in Alciati auswirkten. etwa:die italo-französische Kunstgeschichte unter besonderer Berücksichtigung des Tory-Kreises.
Eine besonders gute Sammlung befindet sich in Neuyork im Kupferstichkabinett das unter Leitung von Ivans steht; er hat an Drucken alles gesammelt "was auf Pergament". Besondere Vorliebe für diese Gegend.
Der ChamFleury von Tory vielleicht in Berlin in der Prinz-Albrechtstrasse ? (bereits an die Auskunftsstelle gesandt)
Liste der 15 Tafelbilder von denen Panofsky sich wünscht, dass sie erhalten bleiben, wenn alle anderen vergehen müssten:
1)van Eyck Luccamadonna
2) " Arnolfini Doppelporträt
3)Tizian Dornenkrönung, München
4)eine Breughellandschaft
5)das Eskorialbild von Roger
6)Rembrandts Braunschweiger Familienbild
7)Grünewald der Münchener Mauritius
8)Pontormo Santa Felicita
9)Coreggio Danae
10)Watteau Champs Elisées
11) "Ladenschild
12)Poussins späte Daphne
13)Parmigianino Dresdener Madonna mit Christus mit der Weltkugel
14)Caravaggio Mathäus Berufung
15)Raffael Corteggiano
(Bilder die dann folgen würden:Cézanne der Bahndurchstich, und Vermeer(in Amerika?)Dame mit dem chinesischen Hut.)

Wilhelm Heckscher, Besprechung mit Panofsky

flüchten: eine Woche allein, für die zweite kam Dora nach. Die Kinder verbrachten – wie er fröhlich an Margaret Barr schrieb – glücklicherweise ihre eigenen Ferien in der Lüneburger Heide.[5]

Das Wintersemester 1932/33 sah ihn noch kämpferisch: Als wolle er den Anspruch, auch als Jude für Deutschland sprechen zu können, nicht aufgeben, galt seine Vorlesung der deutschen Malerei des 15. Jahrhunderts; sein »Publicum« bot »Ausgewählte Kapitel aus der Geschichte der Buch-Illustration«, während sich von Tolnai der niederländischen Kunst des 16. Jahrhunderts und Burmeister sich dem frühen Mittelalter widmeten. Viele Lehrveranstaltungen Panofskys wurden nun von Heckscher minutiös aufgezeichnet: Sowohl über Panofskys Barockvorlesung als auch diejenige über »Albrecht Dürer und seine Zeit«, über seine Anfängerkollegs, die mit Saxl veranstaltete Übung »Quellenkunde«, seine Übung zu »Vor- und Frühstufen der Handzeichnung« (sein letztes Kolleg in Hamburg, gehalten im Wintersemester 1932/33) sind wir detailliert informiert; das Material bedarf noch einer gründlichen Auswertung.

Einen neuen, das europäisch-ausgewogene Programm erweiternden Akzent erbrachte die Mitarbeit von Edgar Wind. Wind – auch er jüdischer Abkunft – hatte unter anderem noch bei Goldschmidt, aber auch in Freiburg bei Husserl und Heidegger sowie in Wien bei Max Dvořák studiert und war 1920 einer der ersten Doktoranden Panofskys gewesen. Aus wirtschaftlichen Gründen – in Deutschland gab es während der Depression kaum Stellen – ging er in die USA und lehrte dort zwei Jahre an der University of North Carolina. Nach seiner Rückkehr 1927 beschäftigte ihn die Warburg-Bibliothek als Forschungsassistenten, und 1930 wurde er Privatdozent an der Universität. Panofsky schätzte seine interdisziplinär angelegten, Philosophie, Kunst- und Geistesgeschichte auf neue Art verklammernden Arbeiten außerordentlich: »Sehr schade ist es«, so schrieb er am 13. Juli 1931 an Ernst Cassirer,

> dass Sie bei Edgar Winds vorgestrigem Vortrag (für längere Zeit die Abschiedsvorstellung der B.W.) [Bibliothek Warburg, KM] nicht anwesend sein konnten. Es war ein ganz grosser Erfolg, mit ungewöhnlich vielem, wenn auch nur zu geringen Prozentsätzen arischem Publikum, und geradezu brausendem Beifall […].[6]

Jetzt, im Wintersemester 1932/33, beteiligte sich Wind mit zwei Veranstaltungen zur englischen Kunst am Lehrprogramm: »Englische Kunst und Kunstanschauung im 18. Jahrhundert« sowie »Englische Ästhetik im 18. Jahrhundert«.

Dicta:
Es gibt Dinge in unserer Schulweisheit
von denen Himmel und Erde sich
nichts träumen läßt,

Panofsky über Belinker
Nur um das Wahrscheinliche nicht
anerkennen zu müssen, hält er das
Unwahrscheinliche für wahr …

Dicta (Panofsky)
… jede Objektivierung eines subjektiv wahrgenommenen Zustands, erleichtert aufrichtig …
(sehr unwörtlich)

Erwin Panofsky – Dicta, gesammelt von Wilhelm Heckscher

1933
»... mit Deutschland verbunden«

Ihm war ein bisschen bange vor der »Reprise«, zumal alle seine engeren Bekannten gerade Anfang des Jahres nicht in New York sein würden. Und weil, wie er Walter Friedlaender gegenüber bekannte, seine mehr der Fleischeslust hingegebene, »mehr carnale Freundin« unglücklicherweise just in der Zeit ein Kind von ihrem »désagréablen« Mann erwartete:

> Sie scheint das Groteske der Situation (die ich übrigens mit einer andern schon einmal erlebt habe: meine Freundinnen kriegen immer Kinder von ihren Männern!) übrigens selbst zu empfinden, da sie [...] ein Wiedersehen diesmal zu vermeiden wünscht. Also auch das fällt aus![1]

Und dennoch: Am 19. Januar reiste Panofsky, zusammen mit Percy Ernst Schramm, auf der »Albert Ballin« erneut nach New York: Er selbst, dank des Entgegenkommens der Hapag, in der Ersten Klasse, Schramm in der Zweiten. Er stieg aber erst in Dublin zu, wo ihn die Deutsche Botschaft zu zwei Vorträgen über mittelalterliche Plastik sowie Dürer eingeladen hatte, die ein großer Erfolg wurden. »Anyway, it is amusing«, so schrieb er klarsichtig wie immer an Margaret Barr, »that just now a Jew is invited by a german embassy to lecture in german art in Ireland.«[2]

Doch auch der zweite Aufenthalt in den USA verlief gut: Die Lehrveranstaltungen waren erfolgreich, er gewann noch mehr neue Freunde. Heckscher war von Hamburg als Assistent mitgekommen – und Panofsky empfand es als einen Segen, weit entfernt von Hitler-Deutschland zu sein. Typisch für ihn, dass er auch die aktuelle politische Entwicklung aus einer historischen Perspektive betrachtete:

> Thus what happens in Italy, Germany and other countries is nothing but the death-struggle of a dying period of history (namely the ›Renaissance‹ which now is to be replaced by another era, more similar to the middle-ages inasmuch as it will be determined by internationalism, collectivism, and so forth).[3]

Early Flemish Painting. 1)

N.Y.-University, 1932/33.

The period about 1400, preceding the efflorescence of early Flemish painting, has been called on the one hand "La renaissance septentrionale", on the other hand "The fall of the Middle Ages". In fact it belongs to those "periods of transition", which are characterized by the fact that the so-called "evolution" has led to a Crisis because of a subversion of what previously had been regarded to be the very foundations of art and culture. While, during the High Middle Ages, the individual was strictly determined by a system of coordinates, so to speak (coordinates which may be called tradition and hierarchy, both ecclesiastic and political), during the 14. century the individual developed so as to form the center of a system of its own. From this resulted a considerable number of artistic innovations, both stylistic and iconographical (for instance portraits independent of ritual or official purposes, new types of books and images connected with religious beliefs, the invention of graphic arts, increasing emphasis on secular subjects, "realistic" rendition of the visible world including inanimate objects, now viewed as the components of "landscapes" or "interiors" and so forth). All these attainments presuppose a new conception of space which was achieved by the cooperative efforts of two different countries (France and Italy) and two different arts (sculpture and painting). Roughly speaking, the 13. century is characterized by the predominance of French sculpture, while the 14. century is characterized by the predominance of Italian painting, which in turn had assimilated the attainments of the former and synthesized them with the indigenous tradition rooted in Early Christian art and strongly influenced by Byzantine art, so as to achieve a style combining plastic rendition of the solid bodies with the perspective rendition of space, and distinguished by what we may call a psychological or rather emotional quality. French art assimilated these attainments of "Trecento"-style in the field of painting while the evolution of sculpture went on in a more autonomous way, at the same time emphasizing more and more the spatial values along with the pure plastic ones. From this resulted a new style, which was to exert its influence all over Europe, even in

Vorlesungstext für die New York University: »Early Flemish Painting« (1933)

402 *Führungen durch die Staats- und Universitätsbibliothek, ihre Einrichtungen und Sammlungen: Prof. **Wahl.** Mi 18—19, 14tägig öff

---

Übungen in den römischen Rechtsquellen: Prof. **Ebrard,** s. Vorl. 36
Englische Geschichte von 1558—1688: Prof. **Wolff,** s. Vorl. 517
Kriegsgeschichte vom Beginn des 19. Jahrhunderts bis zur Gegenwart: **Boehm-Tettelbach,** s. Vorl. 802
Deutsche Rechtsgeschichte: Prof. **Haff,** s. Vorl. 5
Anselm v. Feuerbach und Franz v. Liszt. Grundsätzliches zur Strafrechtswissenschaft des 19. Jahrhunderts: Prof. **E. Schmidt,** s. Vorl. 20
Wissenschaftliche Übungen über die gegenwärtige staatsrechtliche Lage: Prof. **Lassar,** s. Vorl. 50
Soziologische Gliederung des deutschen Volkes: Prof. **Walther,** s. Vorl. 62
Vor- und Frühgeschichte der germanisch-slavischen Grenzlande: Dr. **v. Richthofen,** s. Vorl. 440

D. Archäologie, Kunstgeschichte, Musikwissenschaft

403 Überblick über die Geschichte der griechischen Plastik II: Prof. **v. Mercklin.** MoFr 15—16 **C**
404 Athen: Prof. **v. Mercklin.** Di 20—21 öff **J**
405 *Archäologisches Seminar: Antikes Kunstgewerbe: Prof. **v. Mercklin.** Mi 2st. n. V. pss [] **ArchS**

---

406 Romanische Baukunst: Dr. **Burmeister.** MoMiFr 12—13 **C**
407 Kunst des italienischen Barock II (der „Hochbarock" in Malerei, Architektur und Plastik): Prof. **Panofsky.** MoMiFr 16—17 **C**
408 Das Trecento in Italien: Dr. **v. Tolnai.** MoMi 17—18 **C**
409 Deutsche Malerei und Plastik der letzten 30 Jahre: Prof. **Sauerlandt.** Mi 20—21 öff **C**
410 Kunstgeschichtliche Übungen für Anfänger: Prof. **Panofsky.** Di 12—14 pss **C**
411 *Kunstgeschichtliche Übungen für Vorgeschrittene (zum enzyklopädischen Bilderkreis). Kenntnis des Griechischen, Lateinischen und Italienischen erforderlich: Prof. **Panofsky** in Gemeinschaft mit Prof. **Saxl.** Do 20—22 pss [12] **Bibliothek Warburg**
412 *Kunstgeschichtliche Übungen: Dr. **v. Tolnai.** So 11—13 [] **KunsthS**
413 Kunstgeschichtliche Übungen: Dr. **Burmeister.** Do 12—14 **C**

---

414 Franz Schubert: Dr. **Vetter.** DiFr 14—15 **D**
415 Geschichte der Klaviermusik I (bis J. P. Sweelinck): Dr. **Vetter.** Di Fr 16—17 **D**
416 *Musikwissenschaftliche Übungen I (im Anschluß an die Schubert-Vorlesung): Dr. **Vetter.** DiFr 15—16 **D**
417 *Musikwissenschaftliche Übungen II: Lektüre altgriechischer und alexandrinischer Musikschriftsteller (auch für musikalisch interessierte klassische Philologen): Dr. **Vetter.** Do 14—16 **D**

Zum letzten Mal im Vorlesungsverzeichnis

Ganz unmittelbar bekamen die Söhne auf dem Johanneum die neue »Rassenpolitik« zu spüren: Sie durften nicht mehr am allgemeinen Sportunterricht teilnehmen, sondern mussten mit anderen jüdischen Schülern in einer eigenen Nachmittagsgruppe Fußball spielen: Physischer Kontakt zwischen Christen und Juden war verboten. Und die Lehrer riefen »Heil Hitler« statt »Guten Morgen«, wenn sie in die Klasse traten.

In Hamburg sollte am 15. April das Sommersemester beginnen. Burmeister las über romanische Baukunst, Panofsky kündigte eine Vorlesung zur »Kunst des italienischen Barock II (der ›Hochbarock‹ in Malerei, Architektur und Plastik)« an, sowie Kunstgeschichtliche Übungen für Anfänger und, zusammen mit Saxl in der K.B.W., für »Vorgeschrittene«, zum »enzyklopädischen Bilderkreis«. Sauerlandt behandelte – ein erstaunlich fortschrittlicher Ansatz – die »Deutsche Malerei und Plastik der letzten 30 Jahre«. Von Tolnais Vorlesung sollte dem »Trecento in Italien« gelten. Er wie auch Burmeister boten zusätzlich Übungen an. Alles wie immer – und plötzlich war alles aus. Pauli konnte und wollte es nicht glauben: »Es ist unmöglich«, so schrieb er dem Freund und Kollegen am 3. April 1933 nach Amerika,

> daß die Reichsregierung oder der Hamburger Senat einen unserer besten akademischen Lehrer – den besten seines Faches in Deutschland – entläßt, nur weil er Jude ist. Sie haben sich nie politisch-polemisch betätigt und sind sich, wie Ihre Gattin mir gestern noch ausdrücklich und sua sponte von innen heraus erklärte, bewusst, dass Sie mit tausend und abertausend Fasern Ihres Fühlens und Denkens mit Deutschland verbunden sind. Wo hätten Sie denn sonst Ihre Heimat? Etwa in Palästina?[4]

Am 7. April 1933 wurde dann tatsächlich, unter dem bekannten ominösen Titel, der die Hilflosigkeit und Absurdität dieser Konstruktion verrät, die rechtliche Grundlage geschaffen: Das »Gesetz zur Wiederherstellung des Berufsbeamtentums« ermöglichte die umgehende Entlassung aller Juden aus dem Staatsdienst. Panofsky erreichte die Nachricht, dass er zum 30. September in den Ruhestand mit Ruhegehalt versetzt worden sei, per Telegramm in New York. Seine Befürchtungen hatten sich bewahrheitet. Am 12. April schrieb er Pauli einen

Antwortbrief, in dem seine sonst gepflegte ironische Distanz zu den Dingen einer deutlichen Betroffenheit gewichen ist:

> [...] Ihr Brief ist ja nun leider durch die Ereignisse überholt [...] aber er hat mich – wie ich mich nicht schäme einzugestehen – zu Tränen gerührt. Sie haben ja so tausendmal recht! [...] ich, und viele meinesgleichen, bin wirklich mit Deutschland, und besonders mit dem deutschesten Deutschland, wie es sich für mich in Ihnen [...] verkörpert, so tief verwachsen, daß eine Trennung sehr ans Leben gehen würde, nicht nur im Sinne der ›Kultur‹ [...], sondern gerade auch im Sinne des Gefühls. Die Menschen, die ich auf Erden am meisten liebe und verehre, sind reine Deutsche, und (das ist das Tröstlichste, das gerade in diesen Tagen hervortritt und in Ihrem Brief den ergreifendsten Ausdruck gefunden hat) fast immer sah ich meine Zuneigung gerade von dieser Seite her erwidert und hatte manchmal die Empfindung, auch – oder gerade – jenen Menschen in einer besonderen, über den Rassen-Gegensatz herüber greifenden Weise verbunden zu sein.[5]

Was tun? Tausend Möglichkeiten wurden in jenen Wochen erwogen – in den USA bleiben und die Familie nachkommen lassen, gleich ausreisen mit der ganzen Familie, erst einmal abwarten, eine von Max Warburg bezahlte Untergrund-Lehrtätigkeit in der Warburg-Bibliothek entfalten, den Gashahn aufdrehen, in den USA bleiben und die Familie auf gut Glück nachkommen lassen ... aber ewig in den USA leben? Eine damals noch grässliche Vorstellung für Panofsky, der sich in Amerika zwar wohlgefühlt hatte, aber doch eine deutliche mentale Distanz zur Neuen Welt empfand. In einem Brief an Max Warburg vom 21. April 1933 zeigte Panofsky, wie es wirklich in ihm aussah:

> Was aus uns werden soll (ich persönlich bin ganz bereit, mit allem abzuschließen, aber ich bin ja, zum ersten Mal muß ich sagen: leider, für eine Familie verantwortlich), weiß ich nicht. Wenn nicht ganz Unvorhergesehenes eintritt, werde ich doch Anfang Mai zunächst ruhig wieder zurückkommen, trotz vieler gutgemeinter Warnungen. Die wirkliche Tragödie, die hier so wenig verstanden wird, ist, dass wir, trotz allem, das Land und die Stadt, in die wir hineingewachsen sind, so lieb haben, und so finde ich denn, dass man wohl weg<u>gehen</u> kann

(wiewohl die hiesigen Aussichten nicht gerade rosig sind), aber nicht einfach weg<u>bleiben</u>. Vor dem Fatum weglaufen zu wollen, ist feige und letzten Endes wohl nicht einmal erfolgreich. [...] Es wird Sie vielleicht interessieren, dass der von mir und Saxl beigefügte Artikel über ein Spezialproblem der B.W. [Bibliothek Warburg, KM] soeben in anständiger Form in den Metropolitan Museum Studies erschienen ist.[6]

Und so war Panofsky am 18. Mai zurück in Hamburg. Sein Arbeitszimmer im Kunsthistorischen Seminar soll er nicht mehr betreten haben. Er arbeitete am »Melancholie«-Buch, lud das »ganze Seminar (18 Stück!)« zu einer »kombinierten Begrüßungs- und Abschiedsbowle« nach Hause ein, nahm reihenweise Prüfungen in seiner Wohnung ab und hielt nach Möglichkeiten Ausschau, sein Kunsthistoriker-Leben wenigstens in Europa weiterführen zu können.[7] Ende Juni 1933 richtete die Fakultät an den Rektor der Universität, Leo Raape, ein ausführliches Gutachten, das sich sehr nachdrücklich für Panofskys Verbleib im Amt einsetzte. Der Rektor gab das Gutachten an die zuständige Behörde weiter, der Senator schickte es zurück – weil »die Überreichung des Gutachtens als Demonstration betrachtet werden könnte«.[8] Damit war das Schicksal des Ordinarius für Kunstgeschichte besiegelt.

Mit einem sommerlichen Studienaufenthalt in Paris, wohin inzwischen das Ehepaar von Tolnai übergesiedelt war, und wo er sich wieder einmal mit Margaret (Daisy) Barr traf, begann eine sorgenvolle, unruhige Zeit. Was tun, was soll werden, wird man in Europa bleiben können, was geschieht mit der Warburg-Bibliothek, wird man als ihr angehörig betrachtet und vielleicht so irgendwo einen festen Job erhalten? Was wird aus den Söhnen, die jetzt in die Prima und Obersekunda des Johanneums versetzt werden sollten, beides glänzende Schüler? Langsam, mühsam rang sich Panofsky zu der bitteren Erkenntnis durch, dass selbst Freund Saxl ihn nicht als unbedingt notwendiges, konstituierendes Element der K.B.W. betrachtete, was die Chancen verringerte, über die weitreichenden Beziehungen der finanzkräftigen amerikanischen Warburg-Brüder eine Stelle zu erhalten. Im Herbst zeichnete sich eine – wenigstens temporäre – neue Möglichkeit ab: Walter S. Cook von der New York University suchte nach Wegen, Panofsky für ein weiteres Semester in die USA zu holen. Es gelang mithilfe der Rockefeller Foundation. Panofsky war erleichtert – aber gleichzeitig peinlich berührt darüber, dass er von der Wohltätigkeit anderer Leute leben musste. Und so stürzte er sich erneut in das mühsame, langwierige Geschäft der Diabestellung und -anfertigung. Denn natürlich war das für seine Lehrveranstaltungen benötigte Material in New York nicht vorhanden.

Es raubt einem auch heute noch den Atem, wenn man sieht, dass das Vorlesungsverzeichnis des Wintersemesters 1933/34 als Dozenten nur noch Werner Burmeister aufführte. Die Position des Ordinarius blieb vakant: »N.N.« Die K.B.W. wurde ebenfalls nicht mehr genannt – tabula rasa. Immerhin kam es in Hamburg zu Solidaritätsaktionen, individuellen und kollektiven. Die deutlichste oder vielleicht besser nachdrücklichste organisierten Pauli und Snell: Sie luden im Oktober 1933 zu sechs »ikonographischen Vorträgen« Panofskys in das Haus von Valerie Alport in der Agnesstraße 39 ein: Alports – aus Posen stammende Juden – waren Mitbesitzer des Beiersdorf-Konzerns. Erstaunliche 60-70 Zuhörer besuchten die Vorträge, sowohl Juden als auch, was Panofsky jetzt umso genauer registrierte, Nichtjuden wie der bedeutende Mathematiker Erich Hecke, der aus Österreich stammende Ordinarius für Mathematik Emil Artin, der Stadtbaumeister Fritz Schumacher, der Chefarzt des Freimaurer- [später Elisabeth-, KM] Krankenhauses Heinrich Zoepffel, Udo von Alvensleben sowie »allerlei ehemalige Schüler und Hörer und etwas höhere Kaufmannschaft. Zum Schluß hielt der alte Pauli eine richtige Leichenrede, die das versammelte Volk fürchterlich rührte (mich sogar auch)«.[9] Zu Silvester kamen, wohl wissend, dass dieses Beisammensein für lange Zeit, vielleicht für immer das letzte sein würde, in Panofskys Wohnung Freunde und Kollegen aus München, Berlin und anderen Orten zusammen, darunter Adolph Goldschmidt, Wolfgang Stechow und Horst W. Janson.

Das neue Gesetz traf auch die anderen jüdischen Dozenten, Saxl und Wind. Daneben wurden mindestens vierzehn der zweiunddreißig jungen Kunsthistoriker, die ihr Studium bei Panofsky abgeschlossen hatten, wegen ihrer »Rassezugehörigkeit«, drei wegen ihrer politischen Anschauungen verfolgt. Noch 1937 sollte sich Werner Burmeister darüber beklagen, dass »das Seminar größtenteils aus Juden, Halbjuden oder solchen, die in dem jüdischen Fahrwasser der Hamburger geistigen Kreise leben, wie es in Vollkommenheit durch ihr geistiges

Zentrum, die Bibliothek Warburg dargestellt« worden sei, bestehe.[10] Viele jüdische Studenten mussten ihr Studium überhastet abschließen, um Deutschland so schnell wie möglich verlassen zu können. Andere – etwa Wilhelm Heckscher, Pia von Reutter und Lieselotte Möller – schlossen ihre Dissertationsverfahren bei Burmeister oder bei Panofskys Schüler Ludwig Heinrich Heydenreich ab, der ab 1934 als Privatdozent am Seminar lehrte und bis 1937 auch dessen Geschäftsleitung innehatte. Im Wintersemester 1933 waren am Hamburger Kunsthistorischen Seminar nur noch zwölf Hörer immatrikuliert, von denen sechs später ebenfalls emigrieren sollten.

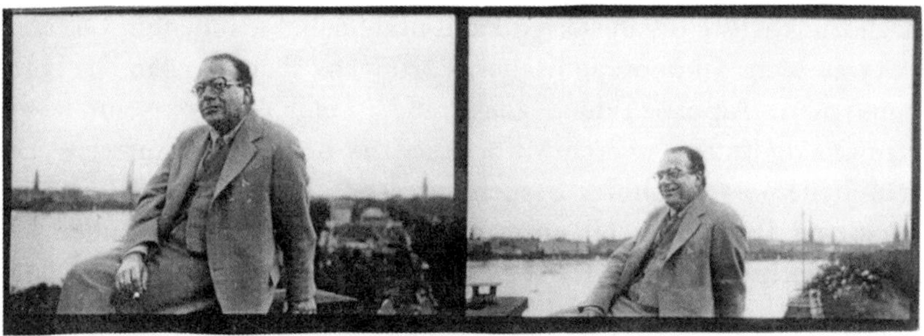

Erwin Panofsky auf dem Dach des Hauses Alte Rabenstraße 34 (1933)

1934
Ein Abschied für immer

189/13

15. Okt. 1934

Dr. Erwin Panofsky
bittet Frl. Magnus, Frl. Pia
von Reutter, D. des. der Kunstgeschichte, freundlichst empfangen

Erwin Panofsky empfiehlt Pia von Reutter an
Dora Magnus, Schwägerin von Max Warburg

Probleme gab es viele. »Bei mir wird immer alles gleich zur Katastrophe«, so schrieb Panofsky Anfang des Jahres an Friedlaender,

> und augenblicklich mache ich gleich 4 Frauen auf einmal unglücklich, eine, weil ich sie mehr liebe als sie mich, und die andern aus dem umgekehrten Grunde. Ich kann aber auch darüber nicht einmal böse sein, denn ein Inanspruchgenommensein durch solche Dinge, auch wenn es unangenehm ist, ist immer besser als ein dauerndes, und letzten Endes zweckloses Brüten über Zukunftsaussichten.[1]

Wen meint er noch – fragt man sich da unwillkürlich. Pia? Sicher Dora? Margaret Barr? Trux Jörgensen, Ehefrau von Harald Jörgensen, Freundin der Familie – die in der Korrespondenz immer mal wieder als »Freundin von Gegenüber« [sie wohnte in der Badestraße, KM] auftaucht? Wenigstens die Zukunftsaussichten hatten sich in letzter Zeit überraschend gut entwickelt: Am 24. Januar 1934 befand sich Panofsky bereits an Bord der »R.M.S. Aquitania« auf dem Weg nach New York. Vorher war es ihm gelungen, sich in London mit Saxl auszusöhnen – der seinerseits inzwischen, zusammen mit Gertrud Bing und sämtlichen Büchern der K.B.W., in England angekommen war, um dort für immer zu bleiben.

Die in den USA unter großen Mühen von zahlreichen Beteiligten ausgehandelte temporäre Überlebenslösung für Panofsky sah zunächst eine anderthalbjährige Professur an der New York University vor. Gleichzeitig hatte er, in geringerem Umfang, an der Princeton University zu lehren. Die Gegenleistung: Mieterleichterung für ein kleines Haus in Princeton und, was unendlich wichtig war, Gratis-Ausbildung der beiden Söhne. Dieses »mixed arrangement« bedeutete zwar eine enorme Arbeitsbelastung, aber zugleich auch eine gewaltige Erleichterung – und den Sprung in ein neues Leben.

Anfang März 1934 traf Dora zu einem ersten Besuch in New York ein, dann reisten sowohl sie als auch ihr Mann wieder nach Europa zurück. Den Juni verbrachte Panofsky in London, um mit Saxl in der inzwischen im »Thames House« gut installierten Warburg-Bibliothek zu arbeiten. Am 18. Juli 1934 verließen Dora, Erwin, Hans und Wolfgang Hamburg, um nie wieder zurückzukehren. »[…] this is the last lettter which I write from Hamburg«, schrieb Panofsky am 17. Juli an Margaret Barr.

> The last days here were very beautiful in a sweetly-melancholy style. Leave-taking is always a sad thing, especially from a place as beautiful as Hamburg, and where one has had a really good time, and from people whom one likes and who have remained faithful in spite of so much psychological pressure.[2]

Die Bläsergruppe des Philharmonischen Orchesters kam ins Haus, um dort einen Mozart-Abschiedsabend zu geben: »a very sentimental occasion«, wie sich Sohn Wolfgang, genannt Pief, noch viele Jahre später erinnerte.[3] Zu einem letzten Farewell kamen Panofskys engster Freund Hecke, sein Schüler und Nachfolger Ludwig Heinrich Heydenreich sowie Wilhelm Heckscher und Horst W. Janson (im Nachtzug aus München anreisend) zusammen. Der Übergang war ein sanfter. Mit einem russischen Schiff, das von Bargheers Segelboot auf der Elbe noch eine Weile begleitet wurde, ging es nach England.[4] Im südenglischen Otterton hatte die Familie über Freunde eine kleine Bleibe gemietet, um dort zunächst drei Wochen Ferien zu machen; Panofsky wollte in Ruhe einige Aufsätze zu Ende schreiben, er liebte die Landschaft und war glücklich, dort zu sein.

Inzwischen führte man eine Art »offener Ehe«. Dora ihrerseits, dies nur nebenbei, war seit längerem ernsthaft in den – eigentlich homosexuellen – Malerfreund Bargheer verliebt. Sie setzte alles daran, ihn vor der Abreise noch einmal wiederzusehen, und lud ihn nach Otterton ein, wohin er auch kam. Am 24. August 1934 fuhr man gemeinsam Richtung London und dann nach Southampton.[5] Bargheer begleitete die Panofskys bis zum Schiff. Mit der »R.M.S. Berengaria« der Cunard Line ging es, für immer, in die Vereinigten Staaten. In Hamburg musste sich die seit Jahrzehnten eng mit der Familie verbundene, untröstliche Haushälterin Bertha nur noch um die Verschiffung des Mobiliars kümmern, von dem ein Teil in ihren Besitz überging. Nicht verzichten wollte Panofsky auf ein »hannoversches Erbstück«, eine geschnitzte Eichentruhe aus dem Jahr 1786 – sie diente der Familie als Langspielplattenschrank – und kam mit nach Princeton.[6]

1935–1968
Ins Paradies vertrieben

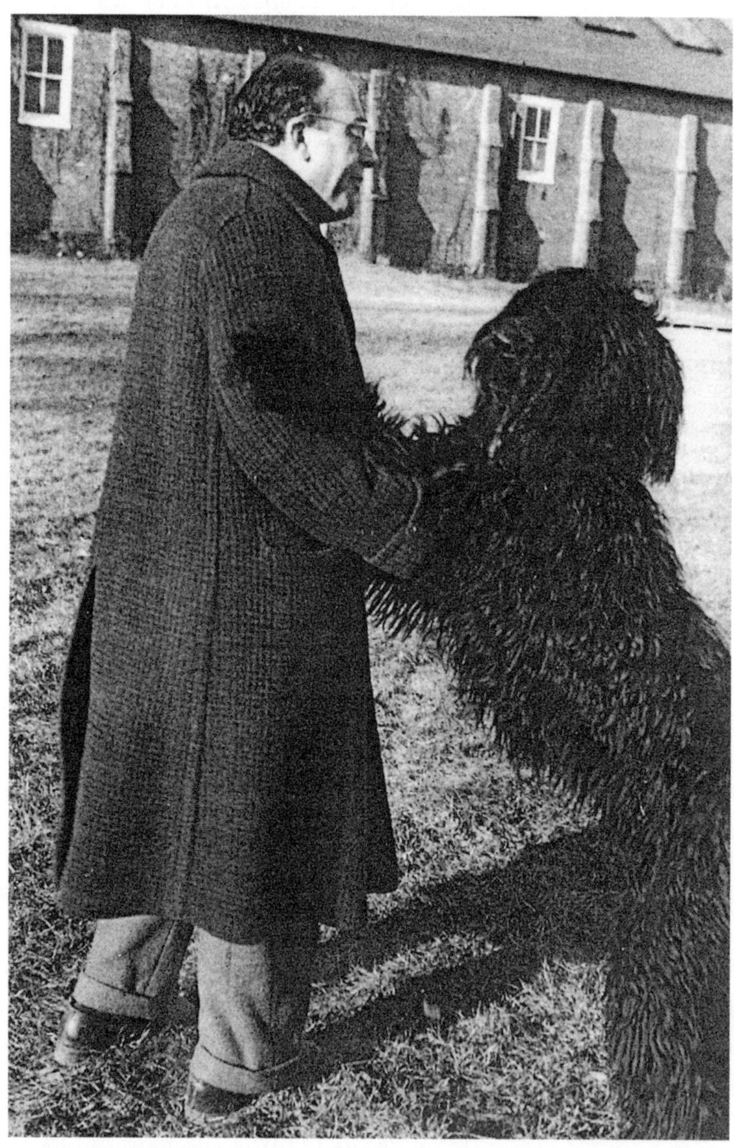

Erwin Panofsky und sein Hund Moses in den USA

Panofsky hat später das Bonmot geprägt, dass er nicht *aus* dem Paradies, sondern *ins* Paradies vertrieben wurde. Und das stimmt in gewisser Weise auch. Seine weitere Karriere verlief von jetzt an fast mühelos. Schon im Oktober 1934 war die Familie in einem relativ bescheidenen, aber doch, wie Panofsky fand, »schmucken« Holzhaus in Princeton installiert; auch die Adresse, »Prospect Avenue«, wird ihm gefallen haben. 1938 konnte die Familie ein neu erbautes Haus in der Battle Road beziehen. Bis zu seinem Tod blieb Princeton Panofskys Zuhause – »eine wirklich sehr nette Verbindung von«, wie er fand, »Oxford und, sagen wir, Pyrmont«.[1] Die Söhne wurden Naturwissenschaftler – und zwar aus naheliegendem Grund, wie Wolfgang Panofsky einmal selbst, wohl nur halb im Scherz, erläutert hat: Der Unterricht auf dem Hamburger Johanneum war stark humanistisch ausgerichtet gewesen, Naturwissenschaften spielten nur eine geringe Rolle. Sie waren firm in Griechisch und Latein, aber schwach in Englisch. Deshalb hätten sie sich in Princeton sofort in die Naturwissenschaften gestürzt, für die man intensivere Sprachkenntnisse kaum brauchte.[2] Wolfgang selbst machte als Physiker – unter anderem an der Entwicklung der Atombombe beteiligt – eine glänzende Karriere. 2002 verlieh man ihm für sein Engagement in der nuklearen Rüstungskontrolle die Ehrensenatorwürde der Universität Hamburg. Sein Bruder Hans A. Panofsky wurde Astronom und Meteorologe; er lehrte dreißig Jahre lang als Professor of atmospheric sciences an der Pennsylvania State University.

Zuerst also New York plus Princeton. An beiden Standorten eröffnete sich mit Panofskys Lehrveranstaltungen für Kollegen und Studenten eine neue Welt. Meriten erwarb er sich anfangs weniger, wie man es in der Rückschau glauben möchte, als Vertreter einer neuen innovativen Methode, weniger als »Ikonologe«, sondern vor allem als Mittelalter-Spezialist. 1935 bot man ihm eine Lebensstellung an einer neu gegründeten Institution an, das Institute for Advanced Study in Princeton. Das Institute verstand sich als Ort interdisziplinärer Forschung und Begegnung; es verband einen mathematischen mit einem wirtschafts- und einen geisteswissenschaftlichen Zweig. Elitär und als private Stiftung keinerlei Beschränkungen unterliegend, bot und bietet das Institute bis heute herausragenden Wissenschaftlern die Möglichkeit, ohne äußeren Druck, ohne Lehrverpflichtung, Geld- und

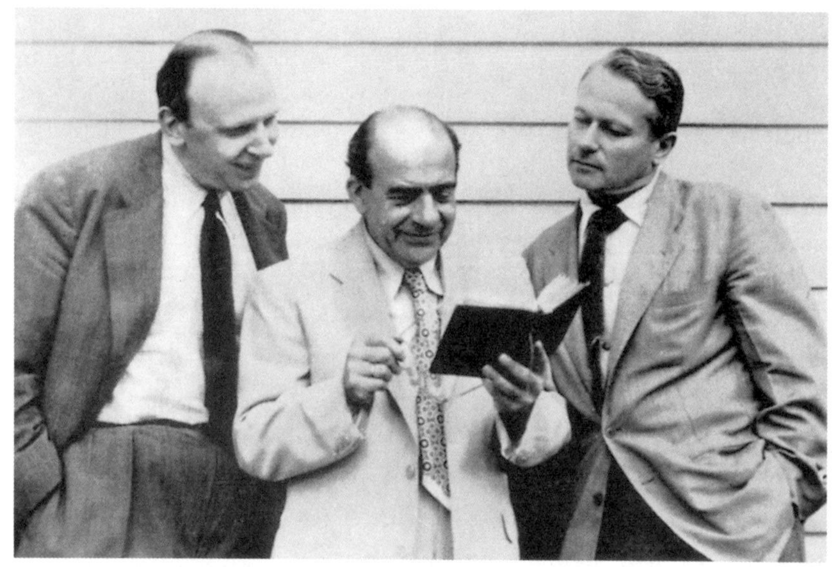

Erwin Panofsky mit Horst W. (Peter) Janson und William S. Heckscher in Princeton, nach 1950

Alltagssorgen allein ihren Forschungen leben und deren Ergebnisse mit temporär eingeladenen Kollegen diskutieren zu können. Albert Einstein, mit dem sich Panofskys bald befreundeten, verlieh der noch jungen Institution internationale Strahlkraft. Auch Panofsky stand mit dem Institute eine Plattform zur Verfügung, die es ihm ermöglichte, »zur größten Autorität der internationalen Kunstwissenschaft«, zum Initiator einer »new era in our discipline in the United States«, zum »Begründer einer auf die gesamte Kunstwissenschaft und in den Vereinigten Staaten auf die Geschichtswissenschaft überhaupt ausstrahlenden Methode« zu werden.[3] Und dennoch: Das Institute for Advanced Study hatte einen damals wohl sehr viel deutlicher als heute wahrgenommenen Makel: Es war 1930 als Stiftung des jüdischen Kaufhausbesitzers Louis Bamberger entstanden, und zwar aus dem Impuls heraus, mit der vermehrten Berufung jüdischer Wissenschaftler deren Benachteiligung im amerikanischen Hochschulwesen zu kompensieren. Panofskys Berufung verdankte sich letztlich auch der Tradition jüdischen Mäzenatentums und der Fürsorge für die »eigenen Leute«. Nach Kriegsende hätte sich zumindest theoretisch die Frage einer

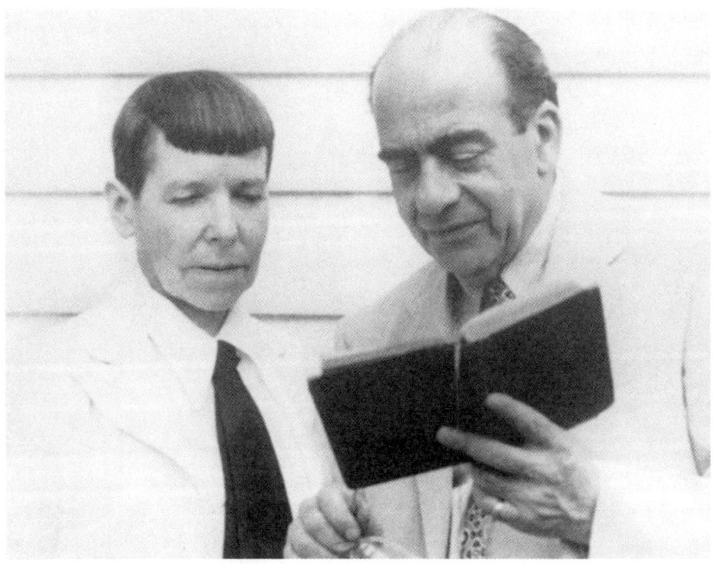

Dora und Erwin Panofsky

Rückkehr nach Hamburg, auf die alte Position, gestellt. Die Verantwortlichen jedoch reagierten – wie eigentlich? zögerlich? unentschlossen? verlogen? Obwohl die englische Militärregierung nachdrücklich die Rückberufung aller vertriebenen Hochschullehrer forderte, konnte sich die Fakultät zu einem eindeutigen Votum für eine Rückkehr Panofskys auf seinen alten Lehrstuhl nicht entschließen. Wie Martin Warnke beschrieben hat, richtete schon am 7. Januar 1946 Bruno Snell eine »Voranfrage« nicht etwa an den ehemaligen Kollegen und Nachbarn, sondern an dessen Schüler und kurzzeitigen Nachfolger Ludwig Heinrich Heydenreich: ob dieser das vakante Amt übernehmen wolle? Zwar fragte man bei Panofsky am 28. April 1946 noch offiziell an – der jedoch schickte am 16. Mai 1946 eine Absage.[4]

Panofsky hat die Studenten – den Zwang, sich mitzuteilen, sich auseinanderzusetzen – allerdings bald so vermisst, dass er auf freiwilliger Basis in New York, manchmal auch in Princeton, immer mal wieder Lehrveranstaltungen anbot. Eine so enge Gemeinschaft wie in Hamburg ist dabei allerdings nicht wieder entstanden. Viele frühere Schüler, wie William S. Heckscher, hat Panofsky zumindest für eine ge-

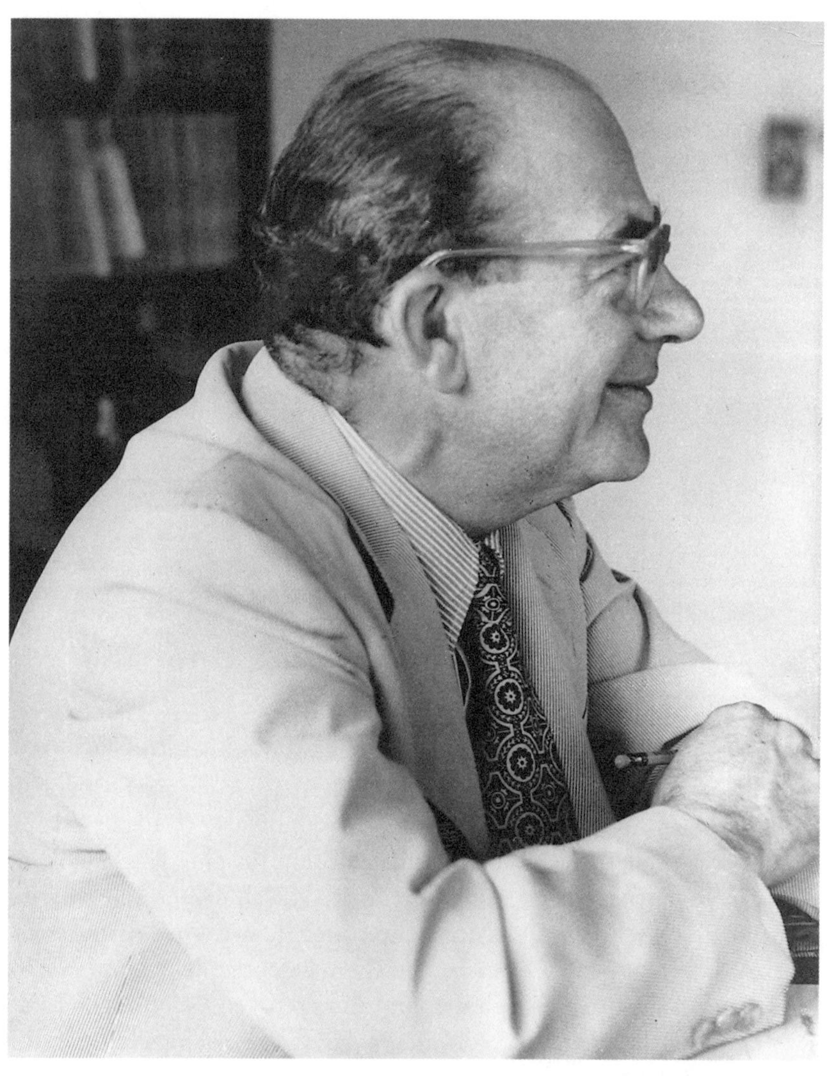

Erwin Panofsky in der Bibliotheca Hertziana

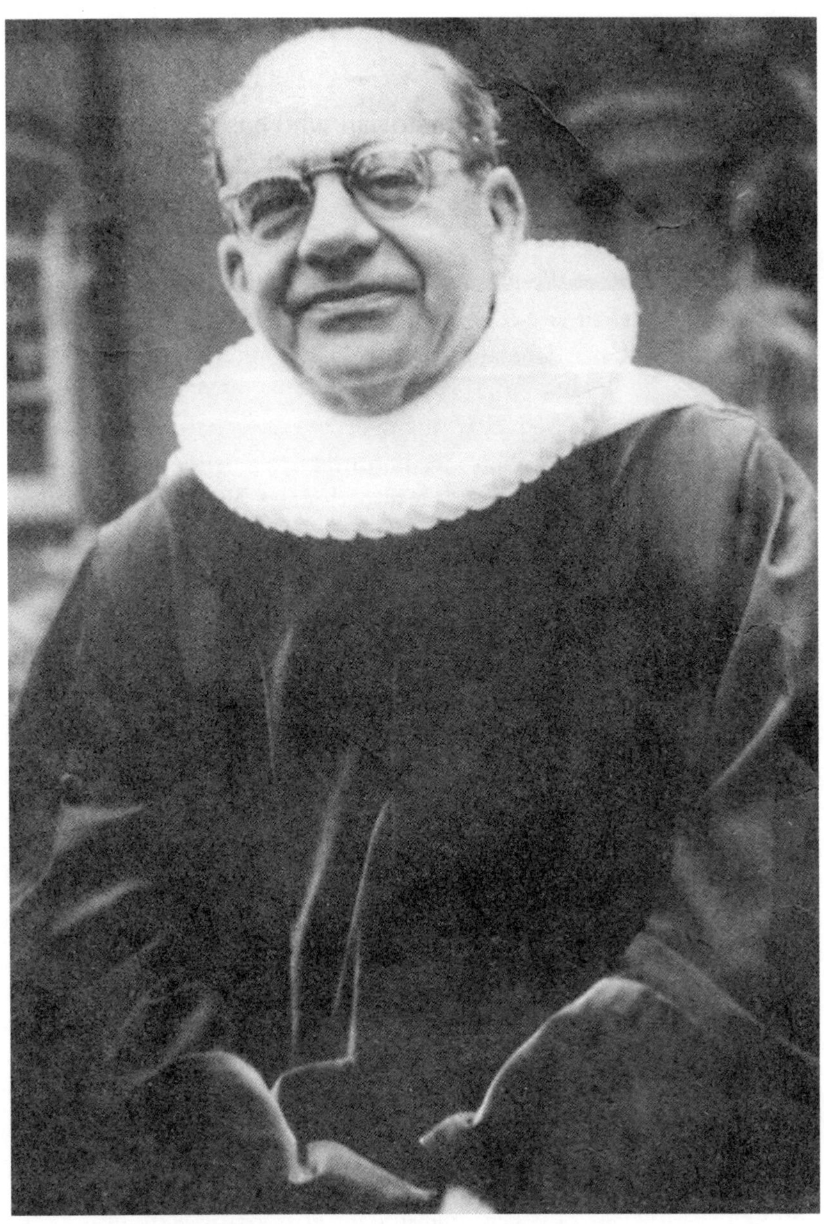

… und im Talar der Hamburger Universität am 13. Juni 1957 in Cambridge, MA

wisse Zeit ans Institute for Advanced Study holen können. Ihn selbst hat sein eigener Erfolg fast überholt. In mehr als fünfundzwanzig Jahren entstanden epochale Schriften, wie der Aufsatzband »Studies in Iconology«, die Dürer-Monographie, das Opus magnum über die Altniederländische Malerei, die grundlegende theoretische Abhandlung »Iconography and Iconology«; aber auch – eigentlich eine Sensation – eine erste ästhetische Untersuchung über den Film. Vielerlei unglückliche Umstände bewirkten, dass das Buch über Dürers Melancholie-Stich unter Mitarbeit von Raymond Klibansky erst 1964 erschien. Das geplante Buch über Michelangelo und Raffael allerdings erreichte nie ein druckfähiges Stadium.

Am Ende seines Lebens war aus dem »wissenschaftlichen Hilfsarbeiter bei mir selbst als Chef« der berühmteste lebende Kunsthistoriker geworden, inklusive dreizehn internationaler Ehrendoktorwürden, einer Ehrensenatorschaft, dreizehn Mitgliedschaften in wissenschaftlichen Akademien. Nach Hamburg kehrte Panofsky nie wieder zurück. Für die feierliche Verleihung der Ehrendoktorwürde der Harvard University im Jahr 1957, bei der das Tragen von Talaren üblich war, holte er allerdings bei der Hamburger Universität die Genehmigung ein, die »schöne Hamburger Professorentracht mit dem symbolisch bedeutsamen ›Mühlsteinkragen‹« auf eigene Kosten anfertigen lassen zu dürfen.[5]

1962 wurde Panofsky in den Ruhestand versetzt. Im Oktober 1965 starb Dora. Im Juni 1966 heiratete der Witwer, der die Einsamkeit nicht ertrug, zu aller Überraschung die 37 Jahre jüngere deutsche Kunsthistorikerin Gerda Soergel. Sie hatte im August 1965 eine Assistentenstelle bei dem ebenfalls am Institute for Advanced Study tätigen Kunsthistoriker Millard Meiss angetreten. Gelegentlich der Hochzeitsreise nach Europa kehrte Panofsky zum ersten Mal nach Deutschland zurück – um Gerdas Eltern seine Aufwartung zu machen und um diverse akademische Ehrungen entgegenzunehmen: so im Juli 1966 in München die Aufnahme in den Orden »Pour le Mérite«, die durch den Umstand stark überschattet wurde, dass die Auszeichnung von dem nationalsozialistisch belasteten Percy Ernst Schramm überreicht wurde. Schramm, einst Warburgs Schüler, enger Freund Saxls und auch Panofskys, hatte trotz einer zu Beginn kritischen Haltung im Dritten Reich als Kriegstagebuchschreiber der Wehrmacht im

Führerhauptquartier Karriere gemacht. Panofsky zählte ihn 1945 zu den »half-hearted Nazis [...] who ›did not agree‹ with Hitler on all points but made the best of it and now look forward to an ›inner renascence‹ of Germany [...]«.[6]

Hamburg wiederzusehen, brachte er nicht übers Herz. Eine Einladung der Fakultät lag nicht vor – der Ordinarius Wolfgang Schöne hatte »vergessen«, diese auszusprechen. Auf dem Weg von Stockholm nach Köln am 10. September 1966 musste Panofsky in Fuhlsbüttel zwischenlanden. Seine Witwe erinnert sich an einen schwierigen Moment:

> Unvergeßlich sind mir EPs beklemmende und starke, ihn schier überwältigende Emotionen, als er auf dem Flughafen Fuhlsbüttel zum ersten Mal wieder Hamburger Boden betrat. Ich fürchtete fast, es könne ihm etwas zustoßen. Diese Minuten waren das einzige Mal, daß er nach über 30 Jahren noch einmal ›in Hamburg‹ war.[7]

Die Hamburger Jahre hatten ihm immer als »die glücklichsten und fruchtbarsten« seines Lebens gegolten.[8] Was Hamburg an ihm verloren hat, haben wir gewusst, aber bis heute nicht wirklich verstanden.

Anmerkungen

Einleitung

1 Vgl. die komprimierte Darstellung von Rainer Donandt: Donandt, Ikonologe.
2 Klee-Gobert, Pöseldorf.
3 Panofsky, Kunstgeschichte, S. 7.

Das Urerlebnis in Hannover

1 Kraus, Mosse, S. 553.
2 Erwin Panofsky an Walter-Herwig Schuchhardt, 18. April 1966: Wuttke, Korrespondenz 5, S. 825.

Auf dem »Joachimsthal« in Berlin

1 Vgl. ders., Korrespondenz 1, S. XIII.
2 Gerda Panofsky, Addenda et Corrigenda, S. 40.
3 Erwin Panofsky an Gerhard Müller, 17. Mai 1948: Wuttke, Korrespondenz 2, S. 936.

Jurist oder Dürerist?

1 Erwin Panofsky an Wilhelm Vöge, 6. Juni 1947: ders., Korrespondenz 1, S. 848.
2 Ebd.
3 Wuttke, Korrespondenz 1, S. 7.
4 Kreft, Goldschmidt, S. 53.
5 Ebd., S. 149.
6 Als Aby Warburg, der mit Vöge zeitlebens ein von gegenseitigem kollegialen Respekt getragenes Verhältnis pflegte, in Bonner Studientagen 1887 zeitweise mit diesem in einem Haus lebte, verwickelte er sich einmal mit ihm in eine scharfe Kontroverse über den Westgiebel von Olympia. In einem Brief an seinen Freund Paul Clemen berichtete Vöge damals, dass »der Jude Warburg der frechste von vier Kunsthistorikern« sei. (Vgl. ebd., S. 248f.) Das kann scherzhaft gemeint gewesen sein – aber angesichts Vöges späterer Entwicklung ist es doch bemerkenswert, dass er den »Juden« als Fremdkörper betrachtet und benennt.
7 Erwin Panofsky an Franz Schoenberner, 20. August 1914: Wuttke, Korrespondenz 1, S. 15.

Zweimal Schicksal in einem Jahr

1 Vgl. Gropp, Rückkehr, S. 11. Das Gemälde wurde nach der Restitution an die Mosse-Erben von einem anonymen Mäzen erworben und der Städtischen Kunstsammlung Darmstadt als »unbefristete Dauerleihgabe« zur Verfügung gestellt.
2 1934 wurde sie entlassen. In der Folgezeit engagierte sie sich in der Jüdischen Gemeinde, wo sie unter anderem für die Überführung jüdischer Bürger in sogenannte Judenhäuser zuständig war. Weil sich die Witwe eines ehemaligen Botschafters in Japan für sie verwendete, konnte ihre Deportation nach Auschwitz abgewendet

werden; sie kam in das Ghetto Theresienstadt, was sie überlebte. Nach dem Krieg begleitete Martha zunächst die Nürnberger Prozesse als Übersetzerin und Zeugin; danach konnte sie an ihre ursprüngliche Tätigkeit – Berliner Kriminalpolizei und die Verkehrsabteilung im Polizeipräsidium – zumindest wieder anknüpfen.

3 Lina Mosse an Dora und Erwin Panofsky, 29. März 1917: Wuttke, Korrespondenz 1, S. 48.

4 Hans Kauffmann an Friedrich Kauffmann und Familie, 4. Februar 1916: ebd., S. 38.

5 Erwin Panofsky an Dora Mosse, 8. August 1915: ebd., S. 23ff.

6 Ebd., S. 23.

7 Ebd.

8 Panofsky, Raffael.

9 Ders., Zeichnen.

10 Ebd., S. 894.

11 Ders., Problem, S. 1009.

12 Kreft, Goldschmidt, S. 156.

13 Vgl. Wuttke, Panofskys Warburg.

14 Hans Kauffmann an Friedrich Kauffmann, 28. Dezember 1915: ders., Korrespondenz 1, S. 35.

15 Dass sich wirklich, wie Kreft meint, auch bereits Warburgs Mitarbeiter Fritz Saxl darunter befand, ist eher unwahrscheinlich – dieser war damals als österreichischer Soldat im Feld. Kreft, Goldschmidt, S. 34f.

Hochzeit im Krieg und Ausrichtung nach Norden

1 Wuttke, Korrespondenz 1, S. XIX.

2 Erwin Panofsky an Eberhard Freiherr Schenk zu Schweinsberg, 2. Juli 1916: ders., Korrespondenz 5, S. 7f.

3 Erwin Panofsky an Kurt Badt, 23. September 1917: ders., Korrespondenz 1, S. 55f.

4 Pauli, Dürer-Literatur, S. 25.

1920

1 Bredekamp, Panofskys Habilitation, S. 34.

2 Die Arbeit wurde nie veröffentlicht, ihr Manuskript aber 2012 im Zentralinstitut für Kunstgeschichte im Nachlass von Ludwig Heinrich Heydenreich entdeckt; sie ist inzwischen von Gerda Panofsky veröffentlicht worden, vgl. Gerda Panofsky, Gestaltungsprinzipen.

3 Erwin Panofsky an Dora Panofsky, 3. Juli 1920: Wuttke, Korrespondenz 1, S. 76.

4 Erwin Panofsky an Dora Panofsky, 9. Juli 1920: ebd., S. 79.

5 Zitiert nach: Rainer Nicolaysen: Zur Geschichte der Hamburger Universität (https://www.uni-hamburg.de/einrichtungen/weitere-einrichtungen/arbeitsstelle-fuer-universitaetsgeschichte/geschichte.html; 3. Januar 2017).

6 1959 wurde das Allgemeine Vorlesungswesen eingestellt, 1982 aber wiedereingeführt.

7 Wuttke, Korrespondenz 1, S. 80.

8 Erwin Panofsky an Dora Panofsky, 12. Juli 1920: ebd., S. 82.

9 Prof. Dr. K. Oldekop an Erwin Panofsky, 5. November 1920: ebd., S. 87.

10 Napp, Diasammlung.
11 Ebd., S. 20f.
12 Gustav Pauli an Werner von Melle, 19. November 1920 [handschriftlich von Dr. von Melles Hand, 22. November 1920]: Wuttke, Korrespondenz 1, S, 88.
13 Fritz Saxl an Aby Warburg, 23. November 1920: ebd., S. 101.
14 Lina Mosse an Dora und Erwin Panofsky, 21. November 1920: ebd., S. 89.
15 Ein anderes selbstidentifikatorisches Motiv findet sich zum Beispiel in Panofskys Text über Abt Suger von Saint-Denis, vgl. Reudenbach, Suger.
16 Neumann, Rembrandt, S. VII f.
17 Ebd., S. XIV.
18 Panofsky, Rembrandt, S. 973.
19 Ebd., S. 1006.
20 Ebd., S. 988 f.
21 Ebd., S. 992.
22 Ebd., S. 998 ff.
23 Ebd., S. 995.
24 Warnke, Rembrandt.
25 Vgl. auch Becht-Jördens, Panofsky, der zu ähnlichen Ergebnissen kommt.
26 Panofsky, Rembrandt, S. 971 (Anmerkung der Herausgeber).

1921

1 Erwin Panofsky an Franz Schoenberner, 10. Oktober 1921: Wuttke, Korrespondenz 1, S. 105.
2 Erwin Panofsky an Dora Panofsky, 17. September 1921: ebd., S. 104.
3 Erwin Panofsky an Aby Warburg, 30. Juni 1921: ebd., S. 100.
4 Klibansky; Panofsky; Saxl, Saturn und Melancholie.
5 Erwin Panofsky an Fritz Saxl, 22. Dezember 1921: Wuttke, Korrespondenz 1, S. 107.
6 Vgl. Kreft, Goldschmidt, S. 205 ff.; Goldschmidt, Nachleben.
7 Erwin Panofsky an Franz Schoenberner, 10. Oktober 1921: Wuttke, Korrespondenz 1, S. 105.

1922

1 Erwin Panofsky an Kurt Badt, 7. Januar 1922: ebd., S. 110.
2 Erwin Panofsky an Kurt Badt, 22. Februar 1922: ebd., S. 112.
3 Ebd., S. 111 f.
4 Panofsky, Treppe, S. 475-491.
5 Erwin Panofsky an Kurt Badt, 24. Juli 1922: Wuttke, Korrespondenz 1, S. 117.
6 Vgl. Krois, Bildkörper, S. 29 f.
7 Ebd., S. 118.

1923

1 Panofsky, »Idea«.
2 Aby Warburg an Fritz Saxl und Erwin Panofsky: Wuttke, Korrespondenz 1, S. 122 f.
3 Hamburgische Universität, Verzeichnis der Vorlesungen 1923/24, S. 25.

1924

1 Erwin Panofsky an Wilhelm Vöge, 31. Januar 1924: Wuttke, Korrespondenz 1, S. 134.
2 Pinder, Plastik, S. 1.
3 Panofsky, Plastik, S. 61.
4 Ebd., S. 51.
5 Vgl. Michels, Norden.
6 Wuttke, Korrespondenz 1, S. 133.
7 Erwin Panofsky an Dora Panofsky, 12. Februar 1924: ebd., S. 135.
8 Fritz Saxl an Erwin Panofsky, 15. Februar 1924: ebd. S. 138.
9 Erwin Panofsky an Fritz Saxl, 18. Februar 1924: ebd., S. 139.
10 Erwin Panofsky an Wilhelm Vöge, 8. März 1924: ebd., S. 141.
11 Panofsky, Wölfflin, S. 1105-1108.

1925

1 Erwin Panofsky an Fritz Saxl, 3. März 1925: Wuttke, Korrespondenz 1, S. 165.
2 Erwin Panofsky an Dora Panofsky, 5. April 1925: ebd., S. 169.
3 Ebd., S. 170.
4 Erwin Panofsky an Hermann Beenken, 9. Juli 1924: ebd., S. 145.
5 Bernhard Schweitzer an Erwin Panofsky, 3. September 1925: ebd., S. 177.
6 Erwin Panofsky an Ernst Steinmann, 24. Oktober 1925: ebd., S. 180.
7 Ebd., S. 183.

1926

1 Erwin Panofsky an Kurt Badt, 1. Februar 1926: Ebd., S. 188.
2 Michels, Panofsky, S. 389.
3 Fritz Saxl, 1. November 1926: Tagebuch K.B.W., S. 20.

1927

1 Erwin Panofsky an Aby Warburg, 15. Mai 1927: Wuttke, Korrespondenz 1, S. 230f.
2 Panofsky, Reihenfolge, S. 100-140.
3 Erwin Panofsky an Wilhelm Vöge, 31. Januar 1924: Wuttke, Korrespondenz 1, S. 134.
4 Wilhelm Vöge an Erwin Panofsky, 7. Februar 1928: ebd., S. 253f.
5 Panofsky, Pietà, S. 635-648.
6 Ders., »Imago Pietatis«.
7 Buchthal, Memorabilia, S. 211.
8 Abgedruckt bei: Wuttke, Korrespondenz 1, S. 957-963.
9 Lina Mosse an Dora Panofsky, 21. Juli 1927: ebd., S. 237f.
10 Ebd., S. 962f.
11 Ebd., S. 241.
12 Erwin Panofsky an Georg Graf Vitzthum, 2. Dezember 1926: ebd., S. 206f.
13 Erwin Panofsky an Aby Warburg, 20. Oktober 1927: ebd., S. 244f.
14 Aby Warburg, 2. Februar 1927: Tagebuch K.B.W., S. 49.

15 Aby Warburg. 30. Mai 1927: ebd., S. 96.
16 Vgl. den Korrespondenzordner des Kunsthistorischen Seminars im Warburg-Archiv, Hamburg.
17 Ebd.
18 Panofsky, Bemerkungen.
19 Panofsky, Pietà.
20 Olga Herschel wohnte bis 1936/37 in der Alten Rabenstraße 34, zog dann in die Oderfelder Str. 13, wo sie sich – evangelisch getauft und ausgesprochen patriotisch eingestellt – am 17. November 1938 das Leben nahm.
21 Fritz Saxl, 1. Januar 1928: Tagebuch K.B.W., S. 174.
22 Aby Warburg, 5. März 1927: ebd., S. 64.

1928

1 Erwin Panofsky an Fritz Saxl, 21. Juni 1928: Wuttke, Korrespondenz 1, S. 290.
2 Erwin Panofsky an Fritz Saxl, 5. Mai 1928: ebd., S. 275.
3 Fritz Saxl an Erwin Panofsky, 17. Juni 1928: ebd., S. 285.
4 Noack, Schüler Cassirers, entwickelte sich zu einem überzeugten Nationalsozialisten und machte im Dritten Reich Karriere.
5 Erwin Panofsky an Fritz Saxl, 25. April 1928: ebd., S. 270.
6 Erwin Panofsky an Hermann Beenken, 26. April 1928: ebd., S. 273.
7 Erwin Panofsky an Wilhelm Waetzoldt, 23. Oktober 1928: ebd., S. 299.
8 Erwin Panofsky an Fritz Saxl, 2. Juni 1928: ebd., S. 280.
9 Hugo von Hofmannsthal an Erwin Panofsky, 12. Dezember 1927: ebd., S. 246.
10 Erwin Panofsky an Fritz Saxl, 21. Juni 1928: ebd., S. 289. Vgl. Weigel, Wahlverwandtschaft, S. 16.
11 Erwin Panofsky an Percy Ernst Schramm, 28. August 1928: Wuttke, Korrespondenz 1, S. 296.

1929

1 Vgl. Michels, Bing.
2 Pauli, Memory.
3 Wuttke, Korrespondenz 1, S. 308, Anm. 3.
4 Warnke, Panofsky, S. 66.
5 Erwin Panofsky an Wolfgang Stechow, 15. Juli 1929: Wuttke, Korrespondenz 1, S. 313.
6 Gustav Pauli an Erwin Panofsky: ebd., S. 427.
7 Ebd., S, 314.
8 Erwin Panofsky an Gustav Mittelstraß, 3. August 1929: ebd., S. 316.
9 Fehrle-Burger, Begegnungen, S. 34.
10 Wuttke, Korrespondenz 1, S. 337.
11 Ebd., S 325.
12 Erwin Panofsky an Gertrud Bing, 21. August 1929: ebd., S. 321.
13 Erwin Panofsky an Fritz Saxl, 9. Oktober 1929: ebd., S. 334.
14 Panofsky, Goldschmidts Humor, S. 1152-1156.
15 Wendland, Arkadien, S. 20.
16 Michels, Seminar, S. 388.

17 Ebd.
18 Erwin Panofsky an Fritz Saxl, 20. September 1929: Wuttke, Korrespondenz 1, S. 323.
19 Ebd.
20 Panofsky, A. Warburg, S. 1111-1114.
21 Max Warburg an Erwin Panofsky, 31. Oktober 1929: Wuttke, Korrespondenz 1, S. 342.

1930

1 Panofsky, Original, S. 1078-1089.
2 Ebd., S. 1088f.
3 Panofsky, Stil und Medium, S. 39.
4 Erwin Panofsky an Dora Panofsky, 15. März 1930: Wuttke, Korrespondenz 1, S. 358f.
5 Erwin Panofsky an Fritz Saxl, 4. April 1930: ebd., S. 362.
6 Möglicherweise auch erst im Frühjahr 1932 während der Exkursion nach Westfalen entstanden.
7 Vgl. Levine, PanDora.
8 Erwin Panofsky an Dora Panofsky, 21. September 1930: Wuttke, Korrespondenz 1, S. 373.
9 Buchthal, Memorabilia, S. 209.

1931

1 Erwin Panofsky an Wilhelm Vöge, 6. Januar 1931: Wuttke, Korrespondenz 1, S. 383.
2 Briefkonvolut Pia von Reutter im Warburg-Archiv, Hamburg.
3 Wuttke, Korrespondenz 1, S. 386.
4 Erwin Panofsky an Pia von Reutter, 9. April 1931: ebd., S. 385f.
5 Erwin Panofsky an Gertrud Bing, 21. Juni 1931: ebd., S. 387.
6 »Der Querschnitt« (Jahrgang XI, Heft 9, S. 593-599); siehe auch Panofsky, Sokrates, S. 1095-1101. – Der Text ist im Anhang abgedruckt.
7 Den Hinweis darauf verdanke ich Martin Warnke, weitere Auskünfte Ina Lorenz.
8 Panofsky, Dicta im Heckscher-Archiv, Warburg-Haus.
9 Wuttke, Korrespondenz 1, S. 387.
10 Erwin Panofsky an Walter Friedlaender, 13. November 1931: Wuttke, Korrespondenz 1, S. 416.
11 Erwin Panofsky an Pia von Reutter, 7. Dezember 1931: ebd., S. 440.
12 Ebd.
13 Ebd., S. 441.

1932

1 Erwin Panofsky an Dora Panofsky, 1. Februar 1932: ebd., S. 482.
2 Buchthal, Memorabilia, S. 211.
3 Erwin Panofsky an Walter Friedlaender, 2. Juni 1932: Wuttke, Korrespondenz 1, S. 504.
4 Ebd., S. 504, 510.

5 Erwin Panofsky an Margaret Barr, 16. August 1932: ebd., S. 517.
6 Erwin Panofsky an Ernst Cassirer, 13. Juli 1931: ebd., S. 388.

1933

1 Erwin Panofsky an Walter Friedlaender, 11. Dezember 1932: ebd., S. 547.
2 Erwin Panofsky an Margaret Barr, 18. November 1932: ebd., S. 540.
3 Erwin Panofsky an Margaret Barr, 9. März 1933: ebd., S. 574.
4 Gustav Pauli an Erwin Panofsky, 3. April 1933: ebd., S. 583f.
5 Erwin Panofsky an Gustav Pauli, 12. April 1933: ebd., S. 584f.
6 Archiv der Warburg-Stiftung: Hamburgische Wissenschaftliche Stiftung, VII, Archiv No. 507, Hamburg; freundlicher Hinweis von Dr. Johannes Gerhardt.
7 Erwin Panofsky an Fritz Saxl, 28. Mai 1933: Wuttke, Korrespondenz 1, S. 610.
8 Ebd., S. 620.
9 Erwin Panofsky an Walter Friedlaender, 20. November 1933: Ebd., S. 674.
10 Michels, Seminar, S. 388.

1934

1 Erwin Panofsky an Walter Friedlaender, 5. Januar 1934: Wuttke, Korrespondenz 1, S. 697.
2 Erwin Panofsky an Margaret Barr, 17. Juli 1934: ebd., S. 739f.
3 Panofsky, Panofsky on Physics, S. 4.
4 Dora Panofsky an Eduard Bargheer, 18. Juli 1934: Wuttke, Korrespondenz 5, S. 63.
5 Ebd., S. 68; dort wird irrtümlich das Abreisedatum auf den 24. Juli gelegt.
6 Gerda Panofsky, Addenda et Corrigenda, S. 17.

1935 – 1968

1 Erwin Panofsky an Fritz Saxl, 10. September 1934: Wuttke, Korrespondenz 1, S. 755.
2 Schaaf; Spitzer, Ehrensenator, S. 18.
3 Michels, Kunstwissenschaft, S. 48f.
4 Warnke, Lebenswerk, S. 560.
5 Michels, Kunstwissenschaft, S. 191.
6 Erwin Panofsky an Meyer Schapiro, 15. August 1945: Wuttke, Korrespondenz 2, S. 611. Vgl. auch Grolle, Schramm-Saxl.
7 Gerda Panofsky, Addenda et Corrigenda, S. 5.
8 Zitiert nach: Bottin; Nicolaysen, Gerda und Erwin Panofsky, S. 99.

Anhänge

Sokrates in Hamburg oder
Vom Schönen und Guten

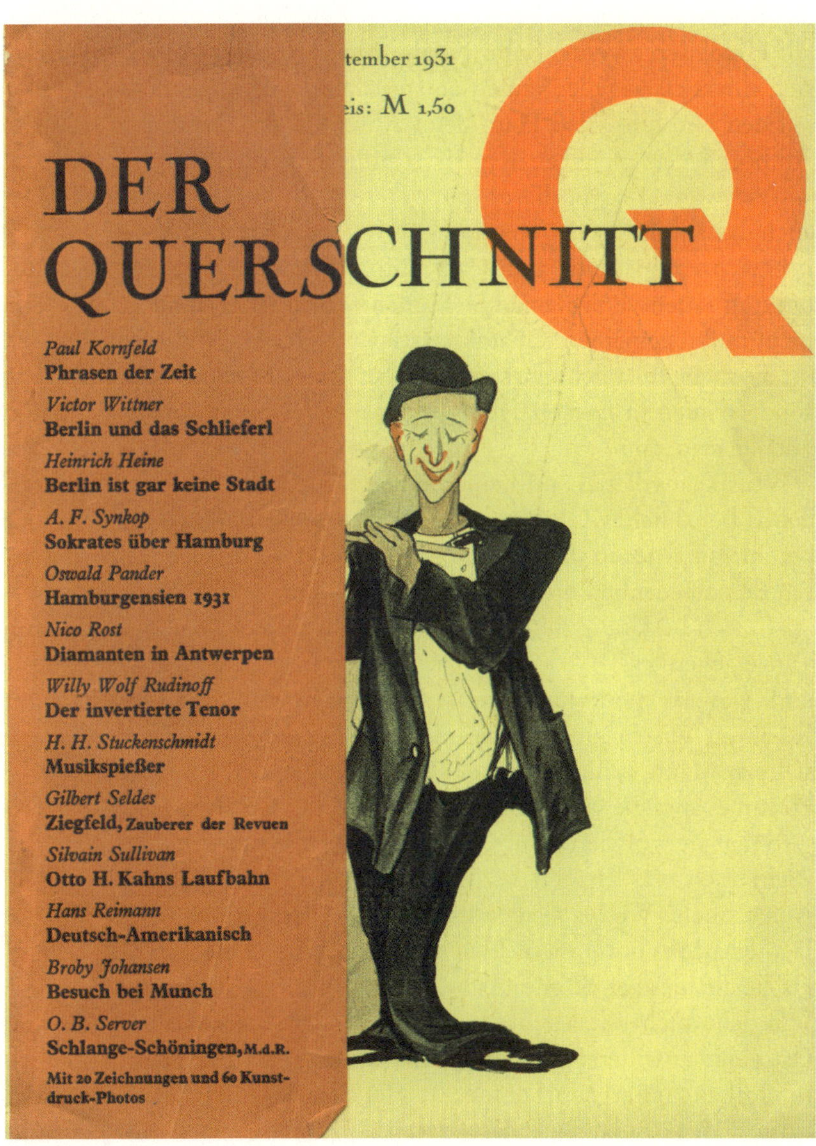
tember 1931

eis: M 1,50

DER QUERSCHNITT

Paul Kornfeld
Phrasen der Zeit
Victor Wittner
Berlin und das Schlieferl
Heinrich Heine
Berlin ist gar keine Stadt
A. F. Synkop
Sokrates über Hamburg
Oswald Pander
Hamburgensien 1931
Nico Rost
Diamanten in Antwerpen
Willy Wolf Rudinoff
Der invertierte Tenor
H. H. Stuckenschmidt
Musikspießer
Gilbert Seldes
Ziegfeld, Zauberer der Revuen
Silvain Sullivan
Otto H. Kahns Laufbahn
Hans Reimann
Deutsch-Amerikanisch
Broby Johansen
Besuch bei Munch
O. B. Server
Schlange-Schöningen, M.d.R.
Mit 20 Zeichnungen und 60 Kunstdruck-Photos

VORWORT

Bekanntlich sind des öfteren Zweifel an der überlieferten Ansicht laut geworden, die Hamburgs Gründung erst unter Karl dem Großen stattfinden läßt. Einige Forscher haben z.B. den Ursprung Hamburgs auf Ham, den zweiten Sohn Noahs, zurückführen wollen, indem sie sich einerseits auf die Namensentsprechung stützen, andererseits aber auf den Umstand, daß Ham beim Abschluß des Bundes, in dem das Aufhören des 40tägigen Regens stipuliert wurde, nicht gegenwärtig war; es wäre also mit dieser Hypothese nicht nur der Name, sondern auch das Klima der Freien und Hansestadt erklärt.

Gleichwohl ist eine andre Vermutung wahrscheinlicher, die Hamburg mit dem Phäakenlande Homers identifizieren möchte. Denn nicht nur allgemeinere Charakteristika wie der Hang zur Seefahrt und die Vorliebe für reichliches und gut bereitetes Essen stimmen überein, sondern auch in Einzelzügen besteht eine Verwandtschaft, die kaum zufällig sein kann.

Nausikaa will z.B. auf keinen Fall zulassen, daß ihr Vater ohne tadellos behandeltes Oberhemd in die Ratsversammlung geht, und sie betont mit einer in der klassischen Literatur sonst nicht nachweisbaren Entschiedenheit die Neigung ihrer Brüder

»... sich beständig mit reiner Wäsche zu schmücken, wenn sie zum Tanze gehen!«

und, was das merkwürdigste ist, sie weigert sich, den Odysseus mit auf ihren Wagen zu nehmen, nicht weil er ein Mann, und zwar ein schöner Mann, sondern weil er »kein Hiesiger« ist.

»Denn es spräche vielleicht ein Niedriger, der uns begegnet.«

– so sagt sie wörtlich im 6. Gesang der Odyssee –

»Seht doch, was hat sich das Mädchen für einen stattlichen Fremdling
Aufgegabelt? Wo hat sie den her? Will sie sich verloben?
Ja, die hatte es nötig, sich einen von auswärts zu holen,
Da sie die hiesigen Söhne aus bester Familie verachtet!«

Wie dem auch sei: jedenfalls war Hamburg den Griechen bekannt. Das zeigt unwidersprechlich die vor kurzem in der erzbischöflichen Bibliothek zu Bergedorf entdeckte Handschrift eines platonischen Dialogs (Codex Bergedorfianis graec. 128, 4°, Pergament, XII. Jahrhundert), der – wie schon der Titel »Phädrus Hammaburgensis« zeigt – auf Hamburger Boden spielt und uns die kulturellen Zustände Hamburgs im 4. Jahrhundert vor Christo wertvolle Einblicke gewährt; z.B. erfahren wir, daß die Straßenbahnlinie 28 damals noch 19 hieß, aber auch nicht schneller fuhr als ihre moderne Nachfolgerin, und daß die Benutzung einer anderen Linie für einen besseren Hamburger zu Platos Zeiten ebenso deklassierend war wie heutzutage.

DIALOG

PHAIDROS: Lange, beim Zeus, o Sokrates, hat es heute gewährt, bis mein Rufen dich ans Fenster zu locken vermochte.

SOKRATES: Wie ein sinnvoller Mythos es von Apollo und Daphne vermeldet, so oder ähnlich ist es mir, o Phaidros, heute mit meiner Brille ergangen: wie nämlich jener, von heftiger Liebe ergriffen, die Jungfrau verfolgte, und diese sich, nachdem er sie endlich erreicht hatte, in einen Lorbeerbaum verwandelte, so bin auch ich meiner Brille eine Stunde, oder auch länger, nachgejagt, und als ich sie ergriffen hatte, entglitt sie mir, gleich jener in einen dem beabsichtigten Verwendungszwecke nicht mehr gemäßen Zustand sich verwandelnd. Was aber führt dich diesen Morgen vor mein Haus?

PHAIDROS: Da, wie es wenigstens scheint, der Regen minder heftig als sonst vom Himmel fällt, so habe ich meinen selbstbeweglichen Wagen, den sie als Automobilon zu bezeichnen pflegen –

SOKRATES: Wahrlich, einem Kentauren oder auch einem Bockhirsch scheint mir dieses Wort vergleichbar zu sein!

PHAIDROS: – aus seinem Gewahrsam hervorgezogen und bitte dich, o Sokrates, mit mir nach Nienstedten oder in einem anderen diesem Orte dich zu begeben.

SOKRATES: Wohlan denn, mein Phaidros, sogleich werde ich bei dir sein!

PHAIDROS: Nicht nur die Musenführer – denn auch du, o Sokrates, dürftest ja als solcher bezeichnet werden –, sondern auch die Musenjünger scheint am heutigen Tage ein böser Dämon zu verfolgen. Denn soeben bemerke ich, daß jene Flüssigkeit, kraft derer das Automobilon sich vorwärts bewegt, kaum noch für eine Parasange, geschweige denn für deren viele auszureichen scheint! Wo denn wohl möchte hier jemand gefunden werden, bei dem wir eine genügende Menge davon zu erhalten imstande sind?

SOKRATES: Von den Äthiopen fürwahr oder von den die Insel Atlantis bewohnenden Menschen scheinst du mir herzukommen, da du nicht weißt, daß vor nicht langer Zeit am Mittelweg einer eine diesem Zwecke entsprechende Zurüstung getroffen hat.

PHAIDROS: So laßt uns denn sobald wie möglich diesen aufsuchen!

SOKRATES: Das scheint mir auch das beste zu sein.

PHAIDROS: Rasch, o Benzinopompe, fülle mir den Behälter des hier stehenden Wagens, damit wir, bevor der Regen wieder stärker wird, die Fahrt beginnen können!

BENZINOMPOS: Dieses, o Phaidros, soll gerne von mir getan werden. Denn warum, beim Zeus, sollte wohl ein in bezug auf Verstand gesunder Mensch dasjenige, wozu er täglich ist und durch dessen Ausübung er seinen Lebensunterhalt erwirbt, vorzunehmen sich weigern? Aber ein Weilchen werdet Ihr Euch gedulden müssen, bis das Benzin in genügender Menge hineingeflossen ist.

SOKRATES: Mit den Worten des Homer möchte ich jetzt auch dir, mein Phaidros, zurufen: »Dulde nur, dulde, mein Herz, schon Schlimmeres hast du ertragen!«

Und so laß uns denn, wie an der Palatante am Illisos, so an der Benzinpumpe am Mittelweg niedersitzen und miteinander uns unterreden. Denn auch hier fürwahr scheint mir der Ort einem solchen Vorhaben nicht unangemessen zu sein: das Benzin murmelt mit sanftem Ton und verbreitet einen der Nase angenehmen Duft, Vögel, wenngleich nur Sperlinge, zwitschern auch hier, und scheint dir nicht diese eigentümliche Vorrichtung, mit deren Hilfe das Benzin in den Wagen gepumpt wird, schon an und für sich mancherlei philosophische Betrachtungen anzuregen?

PHAIDROS: Inwiefern wohl, o Sokrates?

SOKRATES: Nun, fürs erste ließe sich daran eine Betrachtung anknüpfen über die Wandelbarkeit nicht nur dessen, was wir mit unseren trügerischen Sinnen erfassen, sondern auch dessen, was als Sitte oder Gepflogenheit in den Geistern der Menschen Wurzel gefaßt zu haben scheint. Denn wer wohl, o Phaidros, hätte noch vor fünf Jahren zu behaupten gewagt, daß hier, in dem mit Recht als Pöseldorf bezeichneten Stadtviertel, eine Benzinpumpe sich aufrichten werde?

PHAIDROS: Nur ein Wahnsinniger, beim Zeus, o Sokrates!

SOKRATES: Aber nicht nur dieses ist es, worauf der Anblick dieses Gegenstandes unsere Gedanken zu lenken vermag. Hast du bemerkt, o Phaidros, daß dieses Werkzeug von selbst diejenige Menge des Benzines, die der Verkäufer abgegeben hat, anzeigt und auch dem Käufer zu erkennen ermöglicht?

PHAIDROS: Wie denn nicht, o Sokrates?

SOKRATES: Nun denn, mein Phaidros, was, glaubst du wohl, wird diese Seele des Verkäufers befördern, das Gute oder das Schlechte?

PHAIDROS: Wie denn zwar aber meinst du das, o Sokrates?

SOKRATES: Beim Zeus, nicht unklar dürfte meine Frage den meisten erscheinen. Ich meine, da dieser Verkäufer sich durch den Umstand, daß die von ihm gelieferte Menge der Ware ohne sein Zutun, ja ob er will oder nicht, dem Kaufenden offenbar wird, nicht zum Betruge an diesem letzteren imstande sieht, ob das ihn in bezug auf die Seele verbessern oder verschlechtern wird?

PHAIDROS: Verbessern doch offenbar, da ihm die Möglichkeit, schlecht zu handeln, genommen wird.

SOKRATES: So also glaubst du, daß der gut Handelnde auch an der Seele ein Guter ist?

PHAIDROS: Wie denn nicht, o Sokrates?

SOKRATES: Wenn du, o Phaidros, zwei Sklaven hättest, von denen der eine dasjenige, wozu er angestellt ist, von selbst, der andere aber nur unter Androhung von Schlägen verrichtete, welcher scheint dir dann wohl der bessere zu sein?

PHAIDROS: Der es von selbst Tuende.

SOKRATES: Wenn aber noch ein Dritter vorhanden wäre, bei dem auch das Androhen der Schläge nicht ausreichen würde, sondern nur das dauernde Dabeistehen eines ihm Übergeordneten, der ihn zu jeder einzelnen Handlung zwänge, wie würde wohl ein solcher erscheinen?

PHAIDROS: Beim Zeus, als der Allerschlechteste!

SOKRATES: Scheint dir nun nicht, mein Phaidros, diese Benzinpumpe einem solchen Sklavenaufseher zu gleichen, der den Verkäufer zum Gut-Handeln zwingt?

PHAIDROS: Gewiß wohl, o Sokrates; aber wie, wenn der Verkaufende auch ohnedies nicht zu betrügen die Absicht hatte?
SOKRATES: Ein Trefflicher bist du fürwahr in bezug auf die Dialektik, o Phaidros, aber eben auf dieses sollte meine Rede recht eigentlich abzielen!
PHAIDROS: Wie denn wohl, o Sokrates?
SOKRATES: Nun, wenn der Treffliche auch ohne das Anzeigen des Verkauften nicht hätte betrügen wollen, wie muß dann dieses Anzeigen auf seine Seele wirken?
PHAIDROS: Es wird das Gute darin noch unterstützen, o Sokrates.
SOKRATES: Das nun scheint mir, beim Zeus mitnichten der Fall zu sein.
PHAIDROS: Wie denn wohl, o Sokrates?
SOKRATES: Wenn du, o Phaidros, ein schnellaufendes Pferd oder auch einen wohljagenden Hund besitzest, wirst du dasselbe das ganze Jahr im Stalle lassen, oder wirst du es auf alle Weise üben?
PHAIDROS: Ich werde es auf alle Weise üben, o Sokrates.
SOKRATES: Was nämlich würde geschehen, wenn du es nicht auf alle Weise üben würdest?
PHAIDROS: Es würde mit der Zeit langsamer laufen und endlich ganz lahm werden.
SOKRATES: Scheint es sich nun nicht mit dem menschlichen Willen ganz ähnlich zu verhalten?
PHAIDROS: Wie denn wohl, o Sokrates?
SOKRATES: Auch der Wille, so scheint es, muß, wenn er nicht geübt wird, allmählich schwächer werden und endlich erlahmen. Und wenn nun diese Benzinpumpe jahraus, jahrein den das Benzin Verkaufenden daran verhindert, das Nicht-Betrügen zu wollen, wird dann nicht auch er in bezug auf dieses Wollen des Nicht-Betrügens allmählich schlaff werden und endlich an seiner Seele ganz verdorben zu sein?
PHAIDROS: Wahr scheint zu sein, was du sagst, o Sokrates.
SOKRATES: Und wir werden also zugeben, daß die Benzinpumpen die Seelen der Benzinhändler zugrunde richten und daß demnach jegliche Einrichtung, die die guten Handlungen, ohne den Willen der Handelnden aufzurufen, herbeigeführt, ihre Seelen verdirbt?
PHAIDROS: Wahrlich wohl.
SOKRATES: Nachdem wir also auf diese Weise, wie es scheint, etwas

über den Unterschied zwischen dem Gut-Handeln und dem Gutes-Wollen ermittelt haben, müssen wir noch fragen, was denn wohl das Gute an sich selbst sei. Was, o Phaidros, würden wir wohl seinem Wesen nach als »gut« oder »schön« bezeichnen?

PHAIDROS: Eine schwer zu beantwortende Frage hast du da gestellt, o Sokrates.

SOKRATES: Scheint nicht ein Ding um so besser und schöner zu sein, je mehr es zu seinem Zwecke tauglich ist?

PHAIDROS: Gewiß wohl, o Sokrates.

SOKRATES: Nun aber, o Phaidros, will ich dich folgendes fragen: wenn du, als ein Wohlgearteter in diesem »Pöseldorf« genannten Stadtviertel wohnend, aufs Rathaus gerufen würdest, dein Automobilon aber, wie das wohl zu geschehen pflegt, entzweigegangen wäre …

PHAIDROS: Nur allzuoft, beim Zeus, pflegt das zu geschehen!

SOKRATES: Würdest du dann, o Phaidros, die den vielen dienende, als »Straßenbahn« bezeichnete Einrichtung benutzen?

PHAIDROS: Wie denn nicht, o Sokrates?

SOKRATES: Würdest du dann nun aber denjenigen Wagen besteigen, an dem eine 19 angeschrieben steht, oder etwa einen anderen?

PHAIDROS: Nur ein Wahnsinniger würde einen anderen besteigen!

SOKRATES: Aus welchem Grunde nun aber bevorzugst du den mit der 19 gekennzeichneten?

PHAIDROS: Ich verstehe diese deine Frage nicht, o Sokrates.

SOKRATES: Nun, ist der Weg von deinem Hause bis zu der Stelle, wo du die Straßenbahn antriffst, in bezug auf die Wagen mit der 19 kürzer als in bezug auf die anders bezeichneten?

PHAIDROS: Nein, beim Zeus, o Sokrates.

SOKRATES: Oder scheinen dir jene Wagen besser eingezeichnet zu sein in bezug auf das Sitzen?

PHAIDROS: Nein, beim Zeus, o Sokrates.

SOKRATES: Oder scheinen sie dir schneller zu fahren als die anderen?

PHAIDROS: Eher könnte man das Gegenteilige behaupten, o Sokrates.

SOKRATES: Nun denn also, brauchbarer zu ihrem Zwecke dürften die mit 19 bezeichneten Wagen demnach nicht genannt werden können!

PHAIDROS: Du hast recht, o Sokrates.

SOKRATES: Dennoch aber, so scheint es, hältst du sie für besser und

schöner, da du sie vor den anderen bevorzugst und nicht einmal daran denkst, jene auf ihre Brauchbarkeit hin mit diesen zu vergleichen.
PHAIDROS: Freilich wohl.
SOKRATES: Was also kann dich, mein Phaidros, hierzu veranlassen?
PHAIDROS: Ich weiß darauf nicht zu antworten, o Sokrates.
SOKRATES: Doch nicht etwa Umstand, daß alle Guten und Schönen die 19 bevorzugen?
PHAIDROS: Doch freilich, dieser Umstand muß es wohl sein.
SOKRATES: Wir müssen also, so scheint es, sagen, daß die 19 gut und schön ist, weil sie den Guten und Schönen als gut und schön erscheint.
PHAIDROS: Wahrlich wohl, o Sokrates.
SOKRATES: Nun, so scheint uns denn, wie dem Sisyphos der Marmor, der Gegenstand unserer Untersuchung, so zu reden, aus den Händen geglitten und an seinen anfänglichen Ort zurückgerollt zu sein. Denn wenn die 19 gut und schön ist, weil sie den Guten und Schönen gut und schön erscheint, so werden die fragen müssen, warum denn wohl die Guten und Schönen ihrerseits als gut und schön bezeichnet zu werden verdienen.
PHAIDROS: Wahrlich wohl, o Sokrates.
SOKRATES: Und wir werden sie also ihrem Wesen nach in ähnlicher Weise prüfen müssen, wie wir es mit der 19 getan haben?
PHAIDROS: Gewiß.
SOKRATES: Wohlan denn also, scheinen dir, mein Phaidros, die mit der 19 fahrenden Guten und Schönen in ihrem Berufe tüchtiger zu sein als die mit anderen Bahnen fahrenden Menschen?
PHAIDROS: Das dürfte man schwerlich behaupten können.
SOKRATES: Oder scheinen sie dir in bezug auf ihre Handlungen, also zum Beispiel in bezug auf das Unterordnen ihres eigenen Nutzens unter den Nutzen des Gemeinwesens, den Vorzug vor jenen zu verdienen?
PHAIDROS: Eher dürfte man das Gegenteilige behaupten können, o Sokrates.
SOKRATES: Scheint demnach nicht der Grund, aus dem wir sie als Gute und Schöne zu bezeichnen pflegen, in nichts anderem zu bestehen als eben darin, daß sie mit der 19 und nicht mit einer anders bezeichneten Straßenbahn fahren?
PHAIDROS: Beim Zeus, es scheint so, o Sokrates.

SOKRATES: Und so wäre also das Ergebnis unserer Untersuchung dieses, daß das Gute und Schöne nichts anderes ist als diejenige Eigenschaft, die die mit der 19 fahrenden Menschen der 19 beimessen, weil sie selbst mit ihr fahren, und sie einander und sich selbst beimessen, weil sie mit der 19 fahren?
PHAIDROS: So scheint es sich in der Tat zu verhalten, o Sokrates.
BENZINOPOMPOS: Hinreichend gefüllt, so scheint es, ist nunmehr der Behälter deines Wagens, o Herr.
PHAIDROS: Und für 20 Amphoren dürfte ich dir, wenn anders dieses dein Werkzeug das richtige Maß anzeigt, den Preis schuldig sein?
BENZINOPOMPOS: Nein, o Herr; denn dieses mein Werkzeug scheint seit gestern abend beschädigt zu sein, und es dürften wohl mehr als 30 Amphoren in deinen Wagen geflossen sein.
PHAIDROS: So will ich denn, o Benzinopompe, dir den diesem entsprechenden Preis einrichten. Du aber, o Sokrates, dürftest nach dem vorhin Gesagten Anlaß zur Freude haben; denn da das automatische Anzeigen in der Seele des Benzinhändlers den Willen zum Betrügen nicht zu lähmen vermochte, so wird es vielleicht auch den Willen zum Nicht-Betrügen, wenn anders ein solcher vorhanden ist, nicht gänzlich zugrunde richten.
SOKRATES: Da hast du recht, beim Zeus, mein Phaidros. Aber der Regen scheint inzwischen wieder stärker geworden zu sein, so daß es nicht ratsam sein dürfte, in der von dir vorgeschlagenen Weise sich nach Neapolis oder einem diesem ähnlichen Orte zu begeben.
PHAIDROS: Das ist fürwahr ein dämonisches Mißgeschick, o Sokrates.
SOKRATES: Als ein dämonisches nun zwar dürfte es kaum zu bezeichnen sein, da es bei der beschaffenen Lage unseres Stadtwesens nicht anders erwartet werden konnte.
PHAIDROS: So laßt uns denn zu deinem Haus zurückkehren und in bezug auf die Seele nicht allzusehr betrübt sein.
SOKRATES: Gewiß nicht, Phaidros, dazu sind wir zu ruhig in dieser Gegend!

Stammtafel (Auszug)

Arnold Panofsky (1847–1914)
∞ 1891
Cäcillie Solling (1858–1926)

Erwin Panofsky (1892–1968)
∞ 1916
Dorothea Mosse (1885–1965)
∞ 1966
Gerda Soergel (geb. 1929)

Hans Arnold Panofsky
(1917–1988)
∞ 1943
Margarete Ann Riker
2 Kinder

Wolfgang Kurt Hermann
Panofsky (1919–2007)
∞ 1942
Adèle Irene DuMond
5 Kinder

Erwin Panofskys Lebensdaten im Überblick

30. März 1892	Geburt in Hannover
1902	Umzug nach Berlin, schulische Ausbildung am Joachimsthalschen Gymnasium
1911	Beginn des Studiums in München, Fortsetzung in Berlin und Freiburg
1914	Promotion in Freiburg bei Wilhelm Vöge
1920	Habilitation und Übersiedlung nach Hamburg; Einstellung als Wissenschaftlicher Hilfsarbeiter am neugegründeten Kunsthistorischen Seminar
1926	Bestallung als Ordinarius für Kunstgeschichte in Hamburg
1931 und 1932	Gastprofessor an der New York University
1933	Entlassung aus seinem Hamburger Amt
1934	Emigration in die USA
1935	Berufung an das Institute for Advanced Study in Princeton, NJ
14. März 1968	Tod in Princeton, NJ

Literatur

Quellenlage

Die wichtigsten Archivmaterialien zu Erwin Panofsky liegen in den Archives of American Art, Smithonian Institution, Washington, DC, außerdem in der Princeton University Library, Rare Books and Special Collections, Princeton, NJ, im Privatarchiv von Gerda Panofsky, Princeton, NJ sowie im Archiv des Warburg Institute, London.

Literatur und veröffentlichte Quellen

Becht-Jördens, Gereon: Erwin Panofskys unzerstörbarer Glaube an die Einheit der civilized world angesichts ihrer Bedrohung durch Rassismus und Chauvinismus. Zur Entwicklung seiner Konzepte seit 1920. Mit einem unbekannten Brief aus dem Jahr 1946, in: Archiv für Kulturgeschichte 96, 2 (2014), S. 405-440.

Bottin, Angela; Nicolaysen, Rainer: Gerda und Erwin Panofsky, in: dies.: Enge Zeit. Spuren Vertriebener und Verfolgter der Hamburger Universität in ihrer Zeit, Hamburg 1991, S. 99.

Bredekamp, Horst: Ex nihilo: Panofskys Habilitation. Appendix: Gustav Paulis Habilitationsgutachten, in: Reudenbach, Bruno (Hg.): Erwin Panofsky. Beiträge des Symposions Hamburg 1992, Hamburg 1994 (Schriften des Warburg-Archivs im Kunstgeschichtlichen Seminar der Universität Hamburg/Warburg-Archiv, Hamburg, 3), S. 48-52.

Buchthal, Hugo: Memorabilia. Persönliche Erinnerungen eines Achtzigjährigen an sein Studium bei Panofsky in Hamburg, in: Wiener Jahrbuch für Kunstgeschichte 44 (1991), S. 205-213.

Donandt, Rainer: Erwin Panofsky – Ikonologe und Anwalt der Vernunft, in: Nicolaysen, Rainer (Hg.): Das Hauptgebäude der Universität Hamburg als Gedächtnisort. Mit sieben Porträts in der NS-Zeit vertriebener Wissenschaftlerinnen und Wissenschaftler, Hamburg 2011, S. 113-140.

Fehrle-Burger, Lili: Begegnungen mit Panofsky, in: Ruperto Carola. Zeitschrift der Vereinigung der Freunde der Studentenschaft der Universität Heidelberg 25 (1973), S. 33-36.

Goldschmidt, Adolph: Das Nachleben der antiken Formen im Mittelalter, in: Vorträge der Bibliothek Warburg 1 (1921/22), S. 40-50.

Grolle, Joist: Percy Ernst Schramm – Fritz Saxl. Die Geschichte einer zerbrochenen Freundschaft, in: Zeitschrift des Vereins für Hamburgische Geschichte 76 (1990), S. 145-167.

Gropp, Rose-Maria: Die Rückkehr des Frühlingssturms ins Museum, in: Frankfurter Allgemeine Zeitung Nr. 125 (1. Juni 2016), S. 11.

Hamburgische Universität: Verzeichnis der Vorlesungen: verschiedene Jahrgänge, Hamburg 1920-1933.
Klee-Gobert, Ascan: Pöseldorf, in: DIE ZEIT Nr. 7 (4. April 1946), S. 3.
Klibansky, Raymond; Panofsky, Erwin; Saxl, Fritz: Saturn und Melancholie. Studien zur Geschichte der Naturphilosophie und Medizin, der Religion und der Kunst, Frankfurt a.M. [2]1990.
Kraus, Elisabeth: Die Familie Mosse: deutsch-jüdisches Bürgertum im 19. und 20. Jahrhundert, München 1999.
Kreft, Christine: Adolph Goldschmidt und Aby M. Warburg. Freundschaft und kunstwissenschaftliches Engagement, Weimar 2010.
Krois, John Michael: Bildkörper und Körperschema. Schriften zur Verkörperungstheorie ikonischer Formen (hg. von Horst Bredekamp und Marion Lauschke), Berlin 2011 (Actus et Imago: Berliner Schriften für Bildaktforschung und Verkörperungsphilosophie, 2).
Levine, Emily: PanDora, or Erwin and Dora Panofsky and the Private History of Ideas, in: The Journal of Modern History 83, 4 (2011), S. 753-787.
Michels, Karen: Erwin Panofsky und das kunsthistorische Seminar, in: Herzig, Arno; Rohde, Saskia (Hg.): Die Geschichte der Juden in Hamburg, Band: Die Juden in Hamburg 1590 bis 1990: wissenschaftliche Beiträge der Universität Hamburg zur Ausstellung »Vierhundert Jahre Juden in Hamburg«, Hamburg 1991, S. 383-392.
Michels, Karen: Transplantierte Kunstwissenschaft. Deutschsprachige Kunstgeschichte im amerikanischen Exil, Berlin 1999 (Studien aus dem Warburg-Haus, 2).
–; Schoell-Glass, Charlotte (Hg.): Aby Warburg: Tagebuch der kulturwissenschaftlichen Bibliothek Warburg. Mit Einträgen von Gertrud Bind und Fritz Saxl (Gesammelte Schriften/ Aby Warburg: Studienausgabe, 7), Berlin 2001.
– Norden versus Süden. Zur Hamburger und Münchener Kunstgeschichte in den zwanziger und dreißiger Jahren, in: Drude; Christian; Kohle, Hubertus (Hg): 200 Jahre Kunstgeschichte in München: Positionen – Perspektiven – Polemik, München, 2003, S. 131-138.
– Mit Bing in Rom, Neapel, Capri und Italien. Karen Michels auf den Spuren einer ungewöhnlichen Reise, Hamburg [2]2010 (Corsolibro, 3).
Napp, Anke: Zwischen Inflation, Bomben und Raumnöten. Die Geschichte der Diasammlung des Kunstgeschichtlichen Seminars der Universität Hamburg, Weimar 2017 (Laborberichte, 11).
Neumann, Carl: Rembrandt. Erster Band, München [3]1922.
Panofsky, Erwin: »Das Problem des Stils in der bildenden Kunst« [1915], in: Michels, Karen; Warnke, Martin (Hg.): Erwin Panofsky. Deutschsprachige Aufsätze II, Berlin 1998 (Studien aus dem Warburg-Haus, 1), S. 1009-1017.
– Raffael und die Fresken in der Dombibliothek zu Siena [1915], in: Michels, Karen; Warnke, Martin (Hg.): Erwin Panofsky. Deutschsprachige Aufsätze II, Berlin 1998 (Studien aus dem Warburg-Haus, 1), S. 779-804.

– Über das Zeichnen mit farbiger Feder. Bemerkungen zu einigen Blättern des Virgilius Solis und zu den Randzeichnungen im Gebetbuch Maximilians I. [1915], in: Michels, Karen; Warnke, Martin (Hg.): Erwin Panofsky. Deutschsprachige Aufsätze II, Berlin 1998 (Studien aus dem Warburg-Haus, 1), S. 893-896.
– Die Treppe der Libreria di S. Lorenzo. Bemerkungen zu einer unveröffentlichten Skizze Michelangelos [1922], in: Michels, Karen; Warnke, Martin (Hg.): Erwin Panofsky. Deutschsprachige Aufsätze I, Berlin 1998 (Studien aus dem Warburg-Haus, 1), S. 475-491.
– Heinrich Wölfflin. Zu seinem 60. Geburtstage am 21. Juni 1924 [1924], in: Michels, Karen; Warnke, Martin (Hg.): Erwin Panofsky. Deutschsprachige Aufsätze II, Berlin 1998 (Studien aus dem Warburg-Haus, 1), S. 1105-1108.
– Die deutsche Plastik des elften bis dreizehnten Jahrhunderts. Band 1, München 1924.
– »Idea«. Ein Beitrag zur Begriffsgeschichte in der älteren Kunsttheorie. Leipzig/Berlin 1924 (Studien der Bibliothek Warburg/Kulturwissenschaftliche Bibliothek Warburg, 5).
– Bemerkungen zu der Neuherausgabe der Haarlemer Michelangelo-Zeichnungen durch Fr. Knapp [1927], in: Michels, Karen; Warnke, Martin (Hg.): Erwin Panofsky. Deutschsprachige Aufsätze I, Berlin 1998 (Studien aus dem Warburg-Haus, 1), S. 559-590.
– Die Pietà von Ubeda. Ein kleiner Beitrag zur Lösung der Sebastianofrage [1927], in: Michels, Karen; Warnke, Martin (Hg.): Erwin Panofsky. Deutschsprachige Aufsätze I, Berlin 1998 (Studien aus dem Warburg-Haus, 1), S. 635-648.
– »Imago Pietatis«. Ein Beitrag zur Typengeschichte des »Schmerzensmanns« und der »Maria Mediatrix« [1927], in: Michels, Karen; Warnke, Martin (Hg.): Erwin Panofsky. Deutschsprachige Aufsätze I, Berlin 1998 (Studien aus dem Warburg-Haus, 1), S. 186-232.
– Über die Reihenfolge der vier Meister von Reims [1927], in: Michels, Karen; Warnke, Martin (Hg.): Erwin Panofsky. Deutschsprachige Aufsätze I, Berlin 1998 (Studien aus dem Warburg-Haus, 1), S. 100-140.
– A. Warburg (Nachruf) [1929], in: Michels, Karen; Warnke, Martin (Hg.): Erwin Panofsky. Deutschsprachige Aufsätze II, Berlin 1998 (Studien aus dem Warburg-Haus; 1), S. 1111-1114.
– Original und Faksimilereproduktion [1930], in: Michels, Karen; Warnke, Martin (Hg.): Erwin Panofsky. Deutschsprachige Aufsätze II, Berlin 1998 (Studien aus dem Warburg-Haus, 1), S. 1078-1089.
– Sokrates in Hamburg oder Vom Schönen und Guten [1931], in: Michels, Karen; Warnke, Martin (Hg.): Erwin Panofsky. Deutschsprachige Aufsätze II, Berlin 1998 (Studien aus dem Warburg-Haus, 1), S. 1095-1101.
– Goldschmidts Humor [1963], in: Michels, Karen; Warnke, Martin (Hg.): Erwin Panofsky. Deutschsprachige Aufsätze II, Berlin 1998 (Studien aus dem Warburg-Haus, 1), S. 1152-1156.

– Rembrandt und das Judentum [1973], in: Michels, Karen; Warnke, Martin (Hg.): Erwin Panofsky. Deutschsprachige Aufsätze II, Berlin 1998 (Studien aus dem Warburg-Haus, 1), S. 971-1006.
– Kunstgeschichte als geisteswissenschaftliche Disziplin, in: ders.: Sinn und Deutung in der bildenden Kunst, Köln 1975 (dumont Taschenbücher, 33), S. 7-35.
– Stil und Medium im Film, in: ders.: Die ideologischen Vorläufer des Rolls-Royce-Kühlers & Stil und Medium im Film, Frankfurt a.M. 1993 (Edition Pandora, Sonderband), S. 17-52.
Panofsky, Gerda: Addenda et Corrigenda zu: Erwin Panofsky, Korrespondenz 1910 bis 1968. Eine kommentierte Auswahl in fünf Bänden, herausgegeben von Dieter Wuttke. Band V: Korrespondenz 1962 bis 1968, Wiesbaden: Harrassowitz Verlag, 2011, in: Kunsttexte 4 (2011), 1-60.
– (Hg.): Erwin Panofsky. Die Gestaltungsprinzipen im Werk Michelangelos, besonders in ihrem Verhältnis zu denen Raffaels, Berlin 2014.
Panofsky, Wolfgang K.H.: Panofsky on Physics, Politics, and Peace. Pief Remembers, New York 2007.
Pauli, Gustav: Die Dürer-Literatur der letzten drei Jahre, in: Repertorium für Kunstwissenschaft 41, 6 (1918), S. 1-34.
– In Memory of Professor Aby M. Warburg 1866-1929, in: Hamburg-Amerika-Post. A Messenger of good will between the United States and Germany 1 (1929), S. 346-348.
Pinder, Wilhelm: Die deutsche Plastik des fünfzehnten Jahrhunderts. München 1924.
Reudenbach, Bruno: Panofsky und Suger von St. Denis, in: ders. (Hg.), Erwin Panofsky. Beiträge des Symposions Hamburg 1992, Hamburg 1994 (Schriften des Warburg-Archivs im Kunstgeschichtlichen Seminar der Universität Hamburg/Warburg-Archiv, Hamburg, 3), S. 109-122.
Spitzer, Hartwig; Schaaf, Michael: Ehrensenator Wolfgang Panofsky im Interview, in: you see 4 (2006), S. 18-19.
Warnke, Martin: Rembrandt und die Portugiesen, in: Dresdener Kunstblätter 6 (2006), S. 328-334.
– Erwin Panofsky – Kunstgeschichte als Kunst, in: Krause, Eckart; Nicolaysen, Rainer (Hg.): Zum Gedenken an Erwin Panofsky (1892-1968): Reden aus Anlass der Benennung des Hörsaals C im Hauptgebäude der Universität Hamburg in Erwin-Panofsky-Hörsaal am 20. Juni 2000, Hamburg 2009 (Hamburger Universitätsreden; N.F. 17), S. 41-78.
– Ein Lebenswerk in Briefen [Rezension zu Dieter Wuttke: Erwin Panofsky. Korrespondenz 1910 bis 1968], in: Kunstchronik, 65 (2012), S. 558-562.
Weigel, Sigrid: Versäumte Wahlverwandtschaft. Walter Benjamin und der Kreis um Aby Warburg – »Zu gescheit«: Das Schicksal des Trauerspielbuchs, in: Süddeutsche Zeitung Nr. 150 (2. Juli 2004), S. 16.
Wendland, Ulrike: Arkadien in Hamburg. Studierende und Lehrende am Kunsthistorischen Seminar der Hamburgischen Universität, in: Reudenbach, Bruno (Hg.): Erwin Panofsky. Beiträge des Symposions Hamburg

1992, Hamburg 1994 (Schriften des Warburg-Archivs im Kunstgeschichtlichen Seminar der Universität Hamburg/Warburg-Archiv, Hamburg, 3), S. 15-30.
Wuttke, Dieter: Panofskys Warburg – Warburgs Panofsky, in: Zeitschrift des Vereins für Hamburgische Geschichte 101 (2015), S. 87-113.
– (Hg.): Erwin Panofsky. Korrespondenz 1910 bis 1968. Eine kommentierte Auswahl in fünf Bänden, Wiesbaden 2001-2011.

Bildnachweis

Trotz sorgfältiger Nachforschungen konnten nicht für alle Abbildungen die Rechteinhaber ermittelt werden. Sollte jemand in urheberrechtlicher Beziehung Rechte geltend machen, so möge er sich an die Hamburgische Wissenschaftliche Stiftung wenden.

S. 141	Brown University Archives
S. 104, 113	© Heckscher-Archiv im Warburg-Haus, Hamburg
S. 116, 117	Institute of Fine Arts, New York
S. 36, 37, 40, 41	© Myriam Isabell Richter
S. 95, 96	© Stiftung Eduard Bargheer Museum, Hamburg
S. 34, 74, 76, 127	© Universität Hamburg, Arbeitsstelle für Universitätsgeschichte, Hamburg
S. 38, 43	Universität Hamburg, Dia-Sammlung des Kunstgeschichtlichen Seminars, Hamburg
S. 16, 38, 43, 53, 57 58, 60, 70, 72, 73, 80, 81, 82, 99, 105, 106, 110, 111, 115, 119, 120, 122, 124, 126, 132, 133, 136, 138, 139, 140, 151	© Warburg-Archiv im Warburg-Haus, Hamburg

Register

Verzeichnet sind die Namen von natürlichen Personen, die in den Kapiteln 1 bis 22 genannt werden. Anmerkungen bleiben unberücksichtigt, ebenso der Name Erwin Panofsky. Ein * verweist darauf, dass auf der angegebenen Seite (auch) ein Bild der jeweiligen Person bzw. der Name des Malers erscheint. Kursiva markieren Nennungen in den Anmerkungen und im Anhang.

Für Anregungen, vielfältige Unterstützung und eine bemerkenswerte Geduld danke ich sehr herzlich Renate, Johannes und Ludwig Gerhardt sowie Katharina Hoins, für die Initiative zu diesem Buch Ekkehard Nümann. Ohne Martin Warnkes zahlreiche Hinweise und die Gespräche mit ihm hätte es nicht geschrieben werden können.

Bibliografische Information der Deutschen Nationalbibliothek
Die Deutsche Nationalbibliothek verzeichnet diese Publikation in der Deutschen Nationalbibliografie; detaillierte bibliografische Daten sind im Internet über http://dnb.d-nb.de abrufbar.

2. Auflage 2018

www.wallstein-verlag.de
Vom Verlag gesetzt aus der Stempel Garamond
Redaktion, Koordination und Lektorat: Dr. Johannes Gerhardt, Hamburg
Umschlag: Susanne Gerhards, Düsseldorf
Druck und Verarbeitung: Hubert & Co, Göttingen

ISBN 978-3-8353-3155-6